Norbert Kirschey

Metanoeite
Μετανοεῖτε

Gedanken über Gott und die Welt

novum pro

www.novumverlag.com

Bibliografische Information
der Deutschen Nationalbibliothek:

Die Deutsche Nationalbibliothek
verzeichnet diese Publikation in
der Deutschen Nationalbibliografie.
Detaillierte bibliografische Daten
sind im Internet über
http://www.d-nb.de abrufbar.

Alle Rechte der Verbreitung,
auch durch Film, Funk und Fernsehen,
fotomechanische Wiedergabe,
Tonträger, elektronische Datenträger
und auszugsweisen Nachdruck,
sind vorbehalten.

© 2016 novum Verlag

ISBN 978-3-95840-175-4
Lektorat: Volker Wieckhorst
Umschlagfoto:
Rolffimages | Dreamstime.com
Umschlaggestaltung, Layout & Satz:
novum Verlag

Gedruckt in der Europäischen Union
auf umweltfreundlichem, chlor- und
säurefrei gebleichtem Papier.

www.novumverlag.com

Inhaltsverzeichnis

Einführung 7
Gott – das Zentrum der Energie 11
Der Mensch – ein duales Wesen 15
Die Söhne der Götter 19
Noch mehr Interessantes aus dem Alten Testament 23
Gedanken zum Neuen Testament 29
Extraterrestrische Intelligenzen 37
Versiegelt bis zur Endzeit 41
Die große Revision 47
Über das Leiden auf Erden 55
Finale furioso 59
Quellenverzeichnis 67

Einführung

Dies ist keine wissenschaftliche Arbeit. Vielmehr lege ich hier meine ganz persönlichen Gedanken zu einigen mir bedeutsam erscheinenden Themen vor. Ich versuche, das zu ergründen, was – um es mit Goethe zu formulieren – die Welt im Innersten zusammenhält. Dabei komme ich zu dem Schluss, dass Gott und die Welt zusammen gehören. Und ich sehe ferner Anzeichen dafür – wie es auch in den Botschaften von Fatima bereits verkündet wurde –, dass die Menschheitsgeschichte sich dem nähert, was als das Ende der Zeiten bezeichnet wird.

Nun sind Endzeit-Szenarien ja wahrlich kein Novum. Meist wurden sie von skurrilen Glaubensgemeinschaften missbraucht, um ihre Mitglieder ängstlich und damit gefügig zu machen. Diese Absicht liegt mir völlig fern. Vielmehr sehe ich in den Ereignissen der Endzeit die letzte und zugleich schwerste Prüfung, welcher die kollektive Bewusstheit der Menschheit unterzogen wird. Wer sie besteht, ist reif für den Aufstieg in eine höhere Bewusstheitsebene und kann viele Einschränkungen, die unser derzeitiges Erdenleben bestimmen, hinter sich lassen. Um die Prüfung bestehen zu können, ist es hilfreich, ihren Sinn zu verstehen und Zusammenhänge zu erkennen.

Es geht mir folglich nicht darum, Ängste zu schüren vor dem großen Strafgericht, welches über die sündige Welt kommen soll, sondern Hoffnung zu stiften für den Tag, an dem überraschenderweise das „Finale furioso" der Menschheit beginnt. Zugegeben: Diese Sätze sind für manch einen „starker Tobak", aber bitte lest weiter, bis zum Ende! Und dann denkt über alles nach!

Seit etwa 40 Jahren beschäftige ich mich mit diesen Themen und habe zahlreiche Bücher, Artikel usw. dazu gelesen. Ich hatte lange Zeit überhaupt nicht die Absicht, etwas zu veröffentlichen, und habe mir daher auch keine Arbeitsnotizen angefertigt. Somit greife ich oft nur auf das zurück, was in meinem Gedächtnis gespeichert ist, und somit vermag ich naturgemäß zu vielen Aussagen, die ich einmal gelesen habe, nicht mehr die Quelle anzugeben. Ich versichere jedoch, dass ich nach bestem Wissen und Gewissen alles sinngemäß und unverfälscht wiedergeben werde.

Alle Informationen, die ich in dieser Zeit zusammengetragen und zu einem Gedankengebäude zusammengefügt habe, waren und sind für jedermann frei zugänglich. Ich habe folglich weder eine Offenbarung erhalten noch berufe ich mich auf irgendeinen überirdischen oder religiösen Auftrag. Mein im Laufe der Jahre angewachsenes Wissen geht synchron dazu mit einem ebenso angewachsenen, mittlerweile festen Glauben einher. Glauben und Wissen sind keine sich ausschließenden Gegensätze! Ich möchte sie vergleichen mit den beiden Lagern einer Achse, um die sich alles dreht. Wenn eines der beiden Lager beschädigt wird oder sogar wegbricht, läuft die Entwicklung unrund. Hier fällt mir ein Wort des Atomphysikers und Nobelpreisträgers Werner Heisenberg ein: „Der erste Schluck aus dem Becher der Naturwissenschaften macht atheistisch. Aber auf dem Boden des Bechers wartet Gott."

Viele Menschen unserer Zeit stehen Fragen des Glaubens distanziert gegenüber. Die mitunter antiquierte Sprache der Kirchen erreicht sie nicht mehr. Ich will auch mit diesem Buch niemanden missionieren oder zu irgendeiner Meinung überzeugen. Mein Anliegen ist vielmehr, zum Nachdenken anzuregen. Jeder kann und soll sich dann ein eigenes Urteil bilden.

Wer meint, es sei Unfug, sich jetzt im 21. Jahrhundert Gedanken über Gott und die Welt zu machen, und erst recht, sich überhaupt mit dem Ende der Zeiten zu befassen – wo wir doch alles im Griff zu haben glauben –, dem seien nur einmal folgende Ereignisse entgegen gehalten: Wenn jemand zu Beginn der 1980er Jahre, als bei uns heftig über die Nachrüstung der NATO mit neuen Mittelstreckenraketen gestritten wurde, gesagt hätte: „Was soll das Ganze? In zehn Jahren zieht die Rote Armee freiwillig aus Mitteleuropa ab, die Mauer ist gefallen und Deutschland ist wiedervereinigt", dann hätte man diesen Menschen bestenfalls als Utopisten bezeichnet. Manch einer hätte ihn gar für verrückt erklärt. Dennoch ist das Undenkbare schon wenige Jahre später eingetreten, sogar die Sowjet-Union verschwand von der politischen Landkarte.

Es können sich also binnen kurzer Zeit Dinge ereignen, die jetzt noch unvorstellbar sind. Wenn die Zeit dafür reif ist, besser gesagt: wenn die Entwicklung den entsprechenden Stand erreicht hat, geschehen sie. Ich halte es daher für angebracht, sich mit unserer derzeitigen Situation und ihrer potenziellen Entwicklung zu beschäftigen. Dabei werden wir in manchen Dingen umdenken müssen, und daher appelliere ich mit den gleichen Worten wie vor 2000 Jahren Johannes der Täufer: haltet einmal inne, *metanoeite* – denkt um!

Buseck, im Frühjahr 2016
Norbert Kirschey

Gott –
das Zentrum der Energie

Von nichts kommt nichts. So banal dieser Satz klingt, so fundamental ist seine Bedeutung. Wenn nichts von nichts kommt, muss alles, was ist, durch etwas bewirkt worden sein, was vorher schon da war. Alles muss folglich eine Ursache haben bzw. einen Verursacher. Daher ist es vollkommen unsinnig anzunehmen oder gar zu behaupten, unsere Welt – und damit auch wir Menschen – sowie das gesamte Universum sei aus dem Nichts, sozusagen von selbst oder per Zufall, entstanden. Hinter einer solchen Anschauung steckt vielmehr die Einstellung, dass nicht sein kann, was nicht sein darf. Selbstverständlich ist es jedermanns freie Entscheidung, einen wie auch immer gearteten Schöpfer anzuerkennen oder nicht. Aber ist es wirklich so naiv, an ihn zu glauben?

Gemäß Albert Einsteins bahnbrechender Erkenntnis „$E=mc^2$" besteht ein unmittelbarer Wirkzusammenhang zwischen Energie und Masse, die ja nichts Anderes als Materie bedeutet. Die dritte Komponente ist die Lichtgeschwindigkeit. Wenn also die Materie, aus der unser Universum besteht, nicht von selbst entstanden sein kann, muss es etwas geben, was sie erschaffen hat. Lesen wir die Einstein'sche Gleichung von rechts nach links, kann der Ursprung von Materie nur in der Energie liegen. Materie wäre demnach nichts Anderes als schöpferisch transformierte Energie, wobei jedem Element ein spezifischer energetischer Code innewohnt. (Auf diesen Sachverhalt werde ich später noch näher eingehen.)

In Anlehnung an den Begriff des „Logos" aus dem Johannes-Evangelium, der mit der deutschen Übersetzung „das Wort" nur unzureichend wiedergegeben wird, definiere ich Gott als die geistige Ur-Kraft, das Zentrum aller Energie. Er hat mit dem

Wort „Es werde Licht!" den sogenannten Urknall, d. h. den Prozess in Gang gesetzt, aus dem alles, was ist – also die gesamte Schöpfung –, sich entwickelt hat.

Mit der Erschaffung des Lichts entstand auch der Faktor Zeit, den es in der geistigen Welt nicht gibt, sondern nur in der materiellen. Licht als Korpuskel und Welle zugleich ist nicht statisch, sondern es bewegt sich. Wenn auch mit der ungeheuren Geschwindigkeit von 300 000 km/sec, (im Vakuum) benötigt Licht Zeit, um wirksam zu sein. So benötigt das Sonnenlicht etwa acht Minuten bis zur Erde. Man könnte auch sagen, die Erde liegt acht Lichtminuten von der Sonne entfernt. Materie ist, wie gesagt, nichts Anderes als schöpferisch transformierte Energie. Wie zerstörerisch der umgekehrte Prozess verlaufen kann, wissen wir, seit es Atombomben gibt. Der Eingriff in den Mikrokosmos ist m. E. eine der schwerwiegendsten Verfehlungen der Menschheit, was auch für den Betrieb von Kernkraftwerken gilt. Wir sind nicht die Herren der Schöpfung, sondern selbst Geschöpfe! Wenn wir das nicht einsehen, werden wir es schmerzhaft lernen müssen.

Für mich ist Gott folglich nicht ein alter Mann mit Bart, der über den Wolken thront und mal zufrieden, mal erzürnt oder auch amüsiert unserem Treiben auf Erden zuschaut. Im Gegenteil: Er ist unermesslich dynamisch und kreativ im gesamten Universum. Nach Messungen und Berechnungen der NASA ist dieses tatsächlich unendlich – unbegreiflich, aber wohl wahr. Seit Kurzem sprechen Astrophysiker sogar davon, dass es nicht nur ein Universum gibt, sondern (unendlich?) viele, dass unser gigantisches Universum nur ein Teil eines Multiversums ist. Wie das alles zusammenhängt, wissen wir (noch) nicht. Möglicherweise kommt den sogenannten Schwarzen Löchern hier eine Art Tunnelfunktion zu. Je tiefer man in diese Thematik eindringt, desto größer wird die Achtung vor dem genialen allmächtigen Schöpfer (vgl. Werner Heisenberg).

Gott, dem Schöpfer, der universellen Energie, werden viele Eigenschaften zugeschrieben: allmächtig, allwissend, allbarmherzig, gerecht, voller Liebe, ewig usw. Wer also ist Gott? Im Alten Testament offenbart er sich als der „Seiende", auch übersetzt als der

„Ich bin". Er **ist** einfach, schon immer und für immer – zeitlos. Und warum hat er uns und vermutlich noch viele andere Wesen erschaffen? Nun, da Gott vollkommen ist, impliziert diese Eigenschaft auch die Existenz eines bzw. vieler Gegenüber: Barmherzigkeit, Gerechtigkeit, Liebe usw. kann nur einem anderen Wesen, einem Gegenüber, zuteilwerden. Ein selbstgerechter und selbstverliebter Gott beispielsweise wäre sicher nicht vollkommen.

Der Mensch — ein duales Wesen

Über die Entstehung von uns Menschen gibt es zwei sich konträr gegenüberstehende Meinungen: Für die einen haben wir uns im Laufe der Evolution zum „homo sapiens" entwickelt, für die anderen sind wir so, wie wir sind, von Gott geschaffen worden. (Kann man eine Art als „sapiens" bezeichnen, deren Bemühen seit Urzeiten darin besteht, die eigenen Artgenossen in Kriegen umzubringen? Und die heute mit Kräften daran arbeitet, ihre eigene Lebensumwelt zu zerstören?).

Es ist unbestreitbar, dass sich die verschiedenen Arten von Lebewesen gemäß der Lehre von Charles Darwin in unterschiedlichen Lebensräumen auch unterschiedlich entwickelt haben. Die Lebewesen haben sich demnach über Generationen hin den jeweiligen Lebensbedingungen in ihrer Umwelt angepasst. Das geht beispielsweise so weit, dass sich selbst auf einzelnen, isoliert dastehenden Tafelbergen in Venezuela eine endemische Flora und Fauna entwickelt hat. Wer bzw. was sich veränderten Bedingungen nicht anpassen konnte, ist ausgestorben.

Andererseits gibt es eindeutige Fakten, die im Widerspruch zu Darwins Lehrmeinung stehen. So weist etwa Hans-Joachim Zillmer in seinem Buch „Darwins Irrtum" wissenschaftlich belegt nach, dass Dinosaurier und Menschen gemeinsam lebten.[1] Und Hartwig Hausdorf dokumentiert in seinem Buch „Nicht von dieser Welt" jede Menge Dinge, die es nach der offiziellen Wissenschaft auf Erden gar nicht geben dürfte.[2] Auf Erich von Däniken werde ich später noch zu sprechen kommen.

Die Kreationisten als Anhänger der Schöpfungslehre verteidigen mitunter vehement die Ansicht, dass der heutige Mensch von Gott aus einem Klumpen Lehm erschaffen und mit göttlichem Odem zum lebenden Wesen gemacht wurde. Die durch unzählige Funde belegte Entwicklung vom „homo erectus" bis zum modernen Menschen wird dabei ignoriert oder verleugnet. Zweifellos stammt jedes Atom unseres physischen Körpers von unserem Planeten Erde, aber das rechtfertigt noch nicht eine derart naive Vorstellung von der Schöpfung. Die Verfasser des Buches „Genesis" der Bibel haben doch wohl nur nach ihrem damaligen Wissensstand versucht, eine Erklärung für die Existenz des Menschengeschlechtes zu finden. Wenn Gott der Schöpfer des gesamten Universums ist, hat er letztlich auch den Menschen erschaffen. Aber nicht wie ein Kind im Sandkasten, sondern durch Erschaffung von Bedingungen, in denen sich Leben entwickeln und weiterentwickeln konnte.

Ich denke, dass im Grundsatz gar kein Dissens zwischen den beiden Positionen bestehen muss. Denn nach meiner Überzeugung ist der Mensch ein duales Lebewesen. Er wurde als geistiges Wesen erschaffen, welches von seinem Schöpfer – wie alle anderen vernunftbegabten Wesen – mit einem freien Willen ausgestattet wurde. Es war dem Menschen also freigestellt, sich in die von seinem Schöpfer vorgegebene universelle Ordnung einzufügen oder nicht. Der Sündenfall des geistigen Wesens Mensch bestand wohl nicht darin, einen verbotenen Apfel zu essen, sondern in einem massiven Verstoß gegen die universelle Ordnung, wohl wissend um die negativen Konsequenzen. „Wir lassen uns doch keine Vorschriften machen, sondern tun, was wir wollen. Konsequenzen? – Sind uns doch egal!" Papst Franziskus sieht den Sündenfall darin, dass „wir uns geweigert haben anzuerkennen, dass wir begrenzte Geschöpfe sind".[3)] Nach dem Sündenfall erhielt der Mensch seine zweite Wesenheit, die seinem nunmehr niederen Reifegrad entsprach: den irdischen Körper.

In der geistigen Welt gilt das strikte Prinzip von Ursache und Wirkung. Dies hat zur Folge, dass jede Handlung eine Konsequenz nach sich zieht, im Positiven wie im Negativen. Eine Veranschaulichung dessen, was ich hier meine, kann man in dem ausgezeichneten Mitmachmuseum „Mathematikum" in Gießen selbst erleben. Dort wird dem Besucher das Wesen einer mathematischen Funktion erfahrbar gemacht. Sowohl jeder richtige

Schritt wie auch jeder Fehltritt werden grafisch dargestellt. Übertragen bedeutet dies: Jede irdische Handlung führt zu einer entsprechenden Signatur in der geistigen Welt. So wie jeder Klick beim Computer eine Spur auf der Festplatte hinterlässt.

Meines Erachtens leidet unsere heutige Gesellschaft daran, dass man das Prinzip einer inhärenten Konsequenz vernachlässigt. Für jede begangene Missetat werden sofort Entschuldigungen gesucht und gefunden. Kaum einer ist für sein Tun noch verantwortlich, sondern zunehmend „die Gesellschaft". Und die sorgt sich oft mehr um den Täter als um sein Opfer.

Welche Konsequenz hatte aber der Sündenfall des Menschen? Er war nach dem ersten Schöpfungsbericht als spirituelles Wesen erschaffen worden, als ein Ebenbild der geistigen Wesenheiten (Genesis, Kap. 1, 26 f.). Sein Verstoß gegen die universelle Ordnung muss so massiv gewesen sein, dass der Mensch sich selbst auf ein Entwicklungsniveau hinab gestoßen hat, welches seinem verantwortungslosen Verhalten auf der geistigen Ebene entspricht. Mit anderen Worten: Der Mensch wurde durch seine Auflehnung gegen das kosmische Gesetz auf genau die Entwicklungsstufe versetzt, die seiner geistigen Reife entspricht. Diese Stufe bedeutet offensichtlich, so lange an einen physischen tierartigen Körper auf dem Planeten Erde gebunden zu sein, wie die geistige Entwicklung keinen Aufstieg auf ein höheres Niveau zulässt. Folgerichtig wird im zweiten Schöpfungsbericht der menschliche Körper aus Substanzen des Planeten Erde erschaffen (Genesis, Kap. 2, 5 ff.).

Es ist denkbar, dass hoch entwickelte Wesen die Erde besuchten und im Einklang mit dem kosmischen Gesetz, also letztlich im Auftrag des Schöpfers, geeignete Körper von Primaten durch Genmanipulationen als „Wohnstätte" für die gefallene Menschheit bereiteten. Natürlich unterlagen diese Körper dann der von Darwin beschriebenen Entwicklung. Ebenso den Mendel'schen Vererbungsgesetzen, wodurch auch die Generationen später erfolgte Geburt des von einem Fell bedeckten Esau erklärbar würde.

Die Einschränkung der menschlichen Fähigkeiten durch ihre physische Bindung an die Erde bedeutet zugleich einen Schutz der anderen Bewohner unserer Galaxie vor der Aggressivität des Menschen, die wir ja täglich unter Beweis stellen. Für das Individuum Mensch bedeutet das irdische Leben eine Fülle von Beschränkungen durch Raum und Zeit sowie Risiken hinsichtlich Krankheiten, Unfall, Behinderung und materielle Not. Für die Gattung Mensch bedeutet es hingegen die Chance zum Wiederaufstieg. In diesem Kontext stellt sich natürlich auch die Frage nach dem Tod. Durch den Sündenfall hat der Mensch seine Unsterblichkeit verwirkt. In der Bibel lesen wir dazu: „Nun geht es darum, dass er … nicht ewig lebt" (Genesis, Kap. 3, 22). Der Tod ist somit die logische Konsequenz aus unserer zeitweiligen Existenz im irdischen Körper, aber nicht als Strafe eines rachsüchtigen Gottes zu verstehen. Nach meinem Verständnis besteht die Funktion des Todes darin: Nach einer Phase der Erfahrung und Bewährung auf Erden bekomme ich die Möglichkeit zur Reflexion, was die christlichen Kirchen leider als Fegefeuer bezeichnen. Wenn ich noch nicht die Reife für die nächste Entwicklungsstufe erreicht habe, kehre ich mit einer höheren Einsicht versehen wieder in einem neuen Leib auf die Erde zurück – nichts Anderes bedeutet der Begriff der Reinkarnation. Vermutlich haben wir alle schon mehrmals auf Erden gelebt, sowohl als Mann wie auch als Frau. Selbst die katholische Kirche stellt die Reinkarnation nicht in Abrede. Sie lehrt sie jedoch nicht offiziell – verständlich, denn mancher Zeitgenosse würde sich sagen: Im nächsten Leben werde ich ein guter Mensch sein, dieses Mal will ich aber noch meinen Spaß haben.

Meine Kernaussage an dieser Stelle lautet: Nach dem (Ab)sterben meines irdischen Körpers lebt mein Ich auf einer anderen Ebene weiter. Nicht als amorphe Masse wie ein spukendes Schlossgespenst, sondern ganz konkret als selbst-bewusstes Individuum mit erweiterten, da nicht mehr erdgebundenen, Sinnes- und Geistesfähigkeiten.

Die Söhne der Götter

„Da sahen die Söhne der Götter, dass die Töchter der Menschen schön waren, und sie nahmen sich zu Weibern, welche sie mochten. ... als die Gottessöhne mit den Töchtern der Menschen verkehrten und diese ihnen gebaren: das sind die Riesen der Urzeit, Männer mit Namen." Wird nicht in unzähligen Legenden und Sagen aus aller Welt von heldenhaften Halbgöttern und Titanen berichtet? Ist es möglich, dass in diesen Mythen ein Kern an Wahrheit steckt?

Der Schweizer Erich von Däniken vertritt seit Jahrzehnten die Auffassung, dass die Menschheit im Altertum von Außerirdischen besucht wurde. Von den technisch und kulturell noch völlig unbedarften Erdbewohnern wurden die hoch entwickelten Besucher ob ihrer erstaunlichen Fähigkeiten als Götter bezeichnet. In zahlreichen Büchern ist von Däniken dieser Spur nachgegangen. Wenn seine These wahr sein sollte, müssen zwei Grundvoraussetzungen erfüllt sein: Es muss im Universum noch andere intelligente Lebewesen geben, und diese müssen in der Lage sein, interstellare Reisen zu unternehmen.

Im März 2009 wurde das Weltraumteleskop „Kepler" von der NASA in den Weltraum befördert, um ohne atmosphärische Beeinträchtigungen nach exosolaren Sternen und diese umkreisenden Planeten in unserer Galaxie zu suchen. Nach einem Bericht des „Gießener Anzeiger" vom 1. Oktober 2010 meldete die NASA, Kepler habe einen wirklich lebensfreundlichen Planeten aufgespürt, der die Bezeichnung „Gliese 581g" erhielt. Der Fund deute darauf hin, dass es in unserer Galaxie von potenziell bewohnbaren Planeten nur so wimmele, betonte die US-Wissenschaftsstiftung NSF. Der entdeckte Planet liegt ca. 20 Lichtjahre von der Erde entfernt.

Der Sender „arte TV" berichtete am 8. August 2015 unter dem Titel „Aliens: Sind wir allein im Universum?" über die Forschungsergebnisse von Kepler. In der Sendung wird auch die Arbeitsweise des Teleskops anschaulich erläutert. Das Gebiet, welches Kepler im Sternbild Schwan beobachtet, entspricht etwa der Fläche, die meine Hand bei zum Himmel ausgestrecktem Arm abdeckt, also einen sehr kleinen Ausschnitt des gesamten Firmaments. Allein in dieser Region befinden sich schätzungsweise viereinhalb Millionen Sterne, also Sonnen. Die Planeten, von denen diese umkreist werden, sind für das Teleskop nicht sichtbar, da sie ja nicht leuchten. Sie können nur indirekt festgestellt werden, und zwar beim sogenannten Planetendurchgang. Das heißt: Wenn zufällig ein Planet auf der Achse Teleskop – Stern bei seinem Umlauf vor dem Stern vorüberzieht, wird das Licht für die Dauer des Durchgangs minimal schwächer. Aus den zur Erde gesandten Daten über dieses Ereignis können die Wissenschaftler die Größe des Planeten und seinen Abstand zum Stern berechnen. Und daraus schlussfolgern, ob auf diesem Planeten erdähnliche Bedingungen herrschen. Wohl gemerkt: Alle die Planeten, welche auf einer andern Ebene ihren Stern umkreisen, können von Kepler nicht geortet werden. Bis heute wurden von dem Teleskop in unserer Galaxie Hunderte von neuen Welten entdeckt. Auf Grund dieser Ergebnisse wird geschätzt, dass es in unserem Universum ca. 17 Milliarden erdähnliche Planeten gibt. Die TV-Sendung schließt mit der apodiktischen Feststellung: „Eines ist also gewiss: Wir sind nicht allein im Universum."

Die erste der beiden oben genannten Voraussetzungen dürfte damit wohl als gegeben betrachtet werden: Es gibt noch andere intelligente Wesen im Weltall. Wenden wir uns also der zweiten Frage zu: Ist zumindest ein Teil von ihnen zu interstellaren Reisen und somit zu einem Besuch der Erde in der Lage?

Genau so, wie es auf unserem kosmisch unbedeutenden Planeten Erde unterschiedlich entwickelte Kulturen gibt, wird es auch bei den anderen intelligenten Lebewesen im Universum verschiedene Entwicklungsstufen geben. Da diese in anderen Welten nicht so problematisch und chaotisch wie bei den Menschen verlaufen sein müssen, mag es durchaus Kulturen geben, die uns in der Entwicklung weit voraus sind. Wenn eine solche Kultur uns um beispielsweise 10.000 Jahre – in kosmischen Maßstäben nur der Bruchteil eines Wimpernschlages – voraus ist, kann sie ohne Weiteres bereits vor Jahrtausenden die Erde besucht und die Menschen in ihrem Fortschreiten unterstützt haben. Bedenken wir doch nur einmal unseren technischen Fortschritt im 20. Jahrhundert: Vom ersten Motorflug über wenige hundert Meter bis zur Landung des Menschen auf dem Mond (und seiner sicheren Rückkehr zur Erde) vergingen nicht einmal 70 Jahre. In meiner Jugend hatte ich nicht die geringste Vorstellung davon, dass ich jetzt an einem Computer diese Zeilen schreibe. Und niemand kann sich eine konkrete Vorstellung davon machen, wie sich unsere Technik, Kultur und Gesellschaft in hundert Jahren darstellt, geschweige denn in tausend oder gar zehntausend Jahren.

Hier steht auch noch die Frage im Raum, wie diese kosmischen Weltenbummler die ungeheuren Entfernungen zwischen Lichtjahre entfernten Planeten bewältigen konnten. Für uns Menschen mit unserer Bindung an den dreidimensionalen Raum schlicht unvorstellbar! Nun, es gibt noch mehr Dimensionen, die uns derzeit noch verschlossen sind. Ich habe von sieben Dimensionen gelesen, in denen entsprechend hoch entwickelte Wesen agieren können. Wie schnell wir an die Grenzen unseres Vorstellungsvermögens gelangen, sehen wir, wenn wir die uns geläufigen drei Dimensionen in Bezug zu ihrer jeweiligen Projektion setzen: Die Projektion einer Linie (= eindimensional) ist ein Punkt (= nulldimensional), die Projektion einer Fläche (= zweidimensional) ist eine Linie, die Projektion eines Körpers (= dreidimensional) ist eine Fläche. Ebenso gilt der Umkehrschluss, dass jede Dimension die Projektion der nächst höheren darstellt. Folglich bildet unsere dreidimensionale Welt lediglich die Projektion einer vierdimensionalen Wirklichkeit ab. Wie diese aussehen könnte, übersteigt unsere Vorstellungskraft. Gehen wir einmal davon aus, dass die höher entwickelten Wesen, die unsere Erde vor Zeiten besucht haben, so weit fortgeschritten sind, dass sie vier- oder gar fünfdimensional denken und handeln können, dürfte für sie die Überwindung des dreidimensionalen Raumes, unabhängig von seiner Ausdehnung, kein unüberwindbares Problem sein.

Genau so, wie vor Jahrhunderten von Europa aus Entdecker in andere Länder und Kontinente aufgebrochen sind, bis der gesamte Globus erforscht war, so können durchaus auch kosmische Entdecker zu uns gekommen sein. Sie kamen jedoch nicht als Eroberer auf die Erde, sondern um die Entwicklung der Menschheit positiv zu unterstützen. Die plötzliche Entstehung von Hochkulturen ist rein evolutionär nicht zu erklären. Wenn diese extraterrestrischen Wesen einen so niederen Reifegrad gehabt hätten, dass sie die Erde ausbeuten und die Menschen unterjochen wollten, wäre ihnen nach den kosmischen Gesetzen nicht gestattet worden, interplanetare Reisen zu unternehmen. Sie kamen also als Entwicklungshelfer. Für die noch recht primitiven Bewohner der Erde waren sie Götter, die vom Himmel herab gestiegen waren. Es gibt auf dem gesamten Erdball unzählige Hinweise auf den Besuch von Außerirdischen, die allerdings von der etablierten Wissenschaft systematisch verheimlicht oder verleugnet werden. Und es sind in vielen Kulturen Berichte über derartige Besuche und über Halbgötter zu finden.

Übrigens: Das eingangs dieses Kapitels angeführte Zitat über die Söhne der Götter und ihre mit den Töchtern der Menschen gezeugten Riesen-Kinder stammt nicht aus Grimms Märchen, nicht aus germanischen Götter- und Heldensagen, auch nicht aus Gustav Schwabs „Sagen des Klassischen Altertums", sondern es stammt aus der Bibel, Altes Testament, Buch Genesis, 6. Kapitel.

In jüngster Zeit wurden in Sibirien Skelett-Fragmente eines sehr großen Menschen gefunden, der nach seinem Fundort als Denisova-Mensch bezeichnet wird. DNA-Vergleiche haben ergeben, dass diese Rasse einst von Sibirien bis nach Südostasien verbreitet war. Wer mehr zum Thema Riesen erfahren will, dem empfehle ich das Buch von Zecharia Sitchin: „Als es auf der Erde Riesen gab ..."[4)]

Noch mehr Interessantes aus dem Alten Testament

Im 18. Kapitel des Buches Genesis wird von der Begegnung Abrahams mit vom Herrn gesandten Boten berichtet, die zum einen seine Frau Sara noch nach der Menopause schwanger werden ließen und zum anderen mit hoch entwickelter Technik zunächst die Einwohner Sodoms mit Blindheit schlugen und danach ihre Stadt zerstörten. Die Schilderung, dass Lots Weib zu einer Salzsäule erstarrte, als es ungeschützt Richtung Sodom schaute, lässt an den Einsatz einer Neutronenwaffe denken. Das 32. Kapitel berichtet von der Begegnung Jakobs mit einem Gottesboten und offensichtlich (einem) Gott selbst, denn Jakob berichtet: „Ich habe Gott von Angesicht zu Angesicht gesehen, und mein Leben ist doch erhalten geblieben" (Vers 31).

Im Buche Daniel wird berichtet, dass der babylonische König Nebukadnezar drei jüdische Männer in einen großen Brennofen werfen ließ, weil diese ihrem Gott treu geblieben waren. Der Ofen wurde auf Geheiß des Königs so stark erhitzt, dass die Männer, welche die Delinquenten in den Ofen warfen, durch die Flammen ums Leben kamen. Als Nebukadnezar am nächsten Tag zu dem Ofen kam, machte er eine erstaunliche Feststellung: „Waren es nicht drei Männer, die wir gefesselt ins Feuer hineinwarfen? … Da sehe ich aber vier Männer im Feuer ohne Fesseln hin- und herwandeln, ohne dass sie einen Schaden genommen haben, und der vierte gleicht einem Göttersohne" (Dan. 3, 91 f.). Man kann daraus schlussfolgern: Im Altertum war die Präsenz von Göttern und deren Söhnen auf der Erde den Menschen durchaus geläufig.

Besonders interessant in diesem Kontext finde ich die Berichte über den Exodus des Volkes Israel aus Ägypten und seine Wanderung nach Palästina. Ob sein Anführer Moses nun Sohn einer Jüdin war oder anderer Herkunft, dürfte unerheblich sein.

Da er am Hofe des Pharaos aufwuchs, hatte er wahrscheinlich Zugang zu vielen Geheimnissen der Priesterschaft und erhielt eine umfassende Bildung.

Den damaligen kosmischen Besuchern lag wohl primär daran, die Menschen gemäß den universellen Prinzipien auf den Pfad einer monotheistischen Religion zu führen. Gegen die Vielgötterei in den Städten der antiken Hochkulturen hatten sie wohl keine Chance, einen neuen Glauben zu etablieren. Daher erwählten sie am Schnittpunkt der Kontinente einen kleinen Volksstamm von Bauern und Hirten, dessen Religion sie nach ihren Vorstellungen formten und den sie fortan förderten. Dieses zaghafte monotheistische Pflänzchen drohte nun in der ägyptischen Kultur und Götterwelt unterzugehen. Also musste das Volk Israel aus ägyptischer Herrschaft herausgeführt werden, was gleichzeitig die Gelegenheit bot, sich diesem als machtvoller und treuer Beschützer zu präsentieren.

Ich gehe infolgedessen davon aus, dass technisch wie geistig hoch entwickelte extraterrestrische Raumfahrer die Israeliten geführt, beschützt und betreut haben. Moses stand wohl in ständigem Kontakt mit ihnen und erhielt Handlungsanweisungen. „Der Herr", wie der Kommandant des Raumschiffs in der Bibel bezeichnet wird, handelte im Einklang und mit dem Ziel der universellen Ordnung und somit letztlich im Namen Gottes. Daher tut meine Interpretation auch im Grunde der heilsgeschichtlichen Bedeutung des Exodus keinen Abbruch. So manche wundersame Schilderung aus dem Buche Exodus wird dadurch aber nachvollziehbar.

Beginnen wir mit dem Durchzug durch das Rote Meer bzw. das Schilfmeer. Ich halte folgendes Szenario für denkbar: Die Raumfahrer mit ihren enormen technischen Möglichkeiten lösten in dem schmalen Golf von Suez einen passgenauen Tsunami aus. In der Bibel steht, dass Moses seinen Stab hob, also das verabredete Zeichen gab, und danach das Wasser, wie auch vor dem Tsunami 2004, zurückwich. Die anbrandende Flutwelle begrub später das ägyptische Heer unter sich. Die Israeliten konnten ungehindert weiterwandern. „Der Herr zog am Tage vor ihnen in

Gestalt einer Wolkensäule her, um ihnen den Weg zu zeigen, bei Nacht aber in einer Feuersäule, um ihnen Licht zu spenden …" (Exodus 13, 21). Tagsüber verhüllte sich das Raumschiff demnach in künstlichem Nebel und nachts war es erleuchtet. So zog das Volk Israel mit seinen Herden über die Halbinsel Sinai bis zu dem markanten Berg gleichen Namens. Dort landete das Raumschiff mit einem gewaltigen Spektakel. Die in technischen Dingen völlig unbedarften Verfasser des Buches Exodus beschreiben das Ereignis sehr anschaulich: „Am dritten Tag … brachen Donner los und Blitze zuckten, Gewitterwolken hingen über dem Berg und überaus stark schmetternder Posaunenschall war zu hören … Der Berg Sinai war ganz mit Rauch bedeckt, weil der Herr im Feuer auf ihn herabgekommen war … Der ganze Berg zitterte gewaltig … Moses redete, und Gott antwortete ihm unter Donnerschall" (19. Kap, 16–19). Lautsprecher und elektronische Verstärker für Musik und Stimme waren den Verfassern natürlich auch unbekannt. Und Moses erhielt „vom Herrn" die Anweisung: „Steige hinab und befiehl nachdrücklich dem Volke, dass es zu dem Herrn nicht durchbreche, um ihn zu sehen, denn viele müssten sonst umkommen" (19. Kap, 21). Die Identität „des Herrn" musste wohl unter allen Umständen gewahrt bleiben, wofür die fremden Besucher selbst Todesopfer unter den Menschen in Kauf nahmen. Sogar Moses, der jahrelang mit ihm in engem Kontakt stand, verweigerte der Anführer der Raumfahrer, „der Herr", ihn von Angesicht zu Angesicht zu sehen: „… kein Mensch kann mich schauen und dabei am Leben bleiben!" (Exodus 33, 20)

Warum wohl? Erinnern wir uns an das, was „der Herr" einmal sprach: „Lasset uns den Menschen schaffen nach unserem Ebenbilde" (Genesis 1, 26). D. h.: Umgekehrt gleicht demnach auch „der Herr" in seinem äußeren Erscheinungsbild dem Menschen, er sieht aus wie einer von uns! Genau diese Erkenntnis musste in der damaligen Situation unter allen Umständen vermieden werden, sonst war seine Autorität dahin. Auf der Grundlage dieser streng gehüteten Autorität verkündete „der Herr" dann am Berge Sinai das sogenannte Mosaische Gesetz sowie die in Stein gehauenen zehn Gebote. Das Gesetz präsentiert sich bei nüchterner Betrachtung im Wesentlichen als religiöse, soziale und hygienische Verhaltensmaßregeln, die theologisch überhöht und für den Fall der Übertretung mit drastischen Strafandrohungen versehen wurden, damit sich die noch wenig zivilisierten nomadischen Menschen des auserwählten Volkes auch daran halten sollten.

Ferner beschreibt auch der Prophet Hesekiel eindrucksvoll, wie er mit staunenden Augen die Landung eines Raumschiffes beobachtete, dem vier Lebewesen in Menschengestalt entstiegen. Und natürlich entdeckte er darin das, „was der Majestät des Herrn glich" (Hesek. 1, 4–28).

Zwei andere Berichte aus dem Alten Testament erscheinen mir noch erwähnenswert. Zum einen die Sintflut. Die extraterrestrischen Besucher und Beschützer Israels hatten offensichtlich – woher auch immer – frühzeitig Informationen über bevorstehende gewaltige Niederschläge, die zu einer Überschwemmung des gesamten Orientraumes führten. Dass es diese Flut tatsächlich gegeben hat, ist nicht nur in zahlreichen Mythen überliefert, sondern auch durch Ausgrabungen eindeutig nachgewiesen. Die Außerirdischen warnten also Vertraute, so dass diese auf einem großen Schiff Zuflucht suchen konnten.

Der Wasserspiegel des Schwarzen Meeres lag ursprünglich etwa 40 Meter niedriger als heute, da der Bosporus noch eine Landbrücke zwischen Kleinasien und Europa bildete. Möglicherweise stieg durch die Sintflut der Spiegel des östlichen Mittelmeeres so an, dass diese Landbrücke – eventuell in Verbindung mit einem Erdbeben – brach und sich ungeheure Wassermassen aus dem Mittelmeer ins Schwarze Meer ergossen. Dies hat zweifellos zu einer starken Sogwirkung und Strömung in Süd-Nord-Richtung geführt, der ein führerloses Schiff hilflos ausgesetzt war. In der Bibel steht, dass es am Fuße des Berges Ararat strandete. Sicher eine gewagte Spekulation zur Arche Noah – aber es wäre nicht das erste Mal, dass die Bibel überraschenderweise doch recht hätte.

Das zweite Ereignis ist der Bericht vom Turmbau zu Babel. Vor allem finde ich hier Äußerungen „des Herrn" interessant. Mag die damals angeblich erfolgte Sprachverwirrung der Menschheit ins Reich der Legende gehören, so finde ich das Verhalten der kosmischen Besucher der Erde beachtenswert. Denn sie haben wohl ständig ein Auge auf die Entwicklung des Menschengeschlechts. Als „der Herr" den Turm betrachtete, sprach er: „Das ist erst der Anfang ihres Tuns. Nichts von dem, was sie vorhaben, wird ihnen mehr unmöglich sein" (Genesis 11, 6). Die frühe Menschheit stand demnach unter ständiger Beobachtung ihrer Ziehväter. Und manches spricht dafür, dass wir auch heute noch unter außerirdischer Beobachtung stehen. Darauf werde ich später noch zurückkommen. Als Nächstes möchte ich mich weiterhin der Bibel zuwenden, und zwar zunächst dem Phänomen Jesus von Nazareth.

Gedanken zum Neuen Testament

Nach der christlichen Überlieferung wurde Jesus von der Jungfrau Maria geboren, nachdem ihr ein Bote Gottes in Nazareth die Geburt des Erlösers der Menschheit angekündigt hatte. Unser Wort „Engel" ist ein Lehnwort vom griechischen „Angelos", was nichts Anderes als Bote oder Gesandter bedeutet. Über die Jungfrauengeburt wird häufig gestritten. Wenn ich Gott jedoch die Eigenschaft zuschreibe, ihm sei kein Ding unmöglich, dann ist auch eine Jungfrauengeburt auf Veranlassung Gottes möglich. Ein Klon kann Jesus nicht gewesen sein, denn dann hätte das Kind Marias ein Mädchen sein müssen.

Am Dogma der immerwährenden Jungfräulichkeit Marias habe ich allerdings meine Zweifel. Nach Angaben von Edgar Cayce, dem großen amerikanischen Seher des 20. Jahrhunderts, nehmen Josef und Maria normale eheliche Beziehungen auf, nachdem Jesus sein Elternhaus verlassen hatte, um seine vielfältigen Lernerfahrungen zu beginnen. Diese sollen ihn auch zu den Weisen in Indien, wo er sich mit einem der Drei Weisen („Drei Könige") wiedertraf, und zu den Priestern in Ägypten geführt haben. Maria und Josef bekamen nach Cayce noch drei Kinder: Jakob, Ruth und Judas.[5] Der Evangelist Matthäus berichtet, dass einmal Jesu Mutter und seine Brüder kamen, um mit ihm zu reden (Mt. 12, 46 f.). Die Kirche interpretiert diese Stelle jedoch so, dass mit Brüdern Verwandte im weitesten Sinne zu verstehen seien. Anscheinend gilt auch hier: Was nicht sein darf, nämlich weitere Kinder Marias, das nicht sein kann!

Jesus bezeichnet Gott als seinen Vater, und dieser nennt Jesus seinen geliebten Sohn. Sich selbst bezeichnet Jesus als „der Menschensohn", als das Kind der Menschheit schlechthin. Er versteht seine Mission als Kontrapunkt zu der mythologischen

Figur des Adams, der sich als Stammvater der ganzen Menschheit gegen die göttliche Ordnung auflehnte. Jesus will sich dagegen freiwillig in absolutem Gehorsam Gott unterordnen.

Ich will mich jedoch hier nicht in weitere theologische Diskussionen einlassen, sondern versuchen zu verstehen, was es mit den zahlreichen Wundern auf sich hatte, die Jesus nach den Evangelien gewirkt hat. Der Schlüssel dazu scheint mir in dem zu liegen, was ich oben als das Verhältnis von Energie und Materie dargelegt habe: Durch schöpferische Transformation von Energie kann Materie erzeugt und im Falle einer Beschädigung wiederhergestellt werden. Nach allem, was ich über Jesus in Erfahrung gebracht habe, billige ich ihm den Zugang und die Verfügungsgewalt über die erforderliche Energie zu. Wenn ich des Weiteren, wie oben erläutert, Gott als das Zentrum der Energie betrachte, muss zwischen Jesus und seinem Vater eine enge Verbindung bestanden haben. Ich möchte diese mit einem uns geläufigen technischen Begriff umschreiben: Jesus und Gott waren auf der geistigen Ebene „online". Im Johannes-Evangelium sagt Jesus zu den Aposteln: „Die Worte, die ich zu euch sage, rede ich nicht aus mir. Der Vater, der in mir wohnt, er selbst ist am Werke" (Joh. 14, 10).

So konnte Jesus mit Zugriff auf die allumfassende „Datenbank" seines Vaters und ausgestattet mit der Verfügbarkeit von Energie wundersame Taten vollbringen. Nehmen wir als Beispiel die Speisung der 5.000 Männer plus Frauen und Kinder, die von ursprünglich fünf Broten und zwei Fischen satt wurden. Jesus hat hier nicht auf einen Schlag Tausende Brote und Fische sozusagen herbei gezaubert und dann zu seinen Leuten gesagt: Verteilt das mal! Nein, das war anders. Die Evangelien berichten, dass Jesus zum Himmel aufsah, den Segen sprach und sodann persönlich das Brot brach und die Fische teilte, um die Speise danach von seinen Jüngern verteilen zu lassen. Jesus aktivierte also zunächst die „Online-Verbindung" zu seinem Vater. Er schuf dann dank seiner Erkenntnis der komplexen energetischen Codes dieser Nahrungsmittel sowie durch den Einsatz der ihm verfügbaren göttlichen Energie mit seinen Händen so viel Brot und Fisch, dass alle satt wurden. Mit anderen Worten: Jesus vollzog hier einen Schöpfungsakt. Dass er wirklich materielles Brot geschaffen hatte, und es sich hier nicht um eine Massensuggestion handelte, erkennt man daran, dass die übrig gebliebenen Stücke noch zwölf Körbe füllten (vgl. Lk. 9, 10–17; Mt. 14, 13–21).

Ein anderes Beispiel für energetisches Wirken Jesu ist die Überlieferung vom Sturm auf dem See. Während Jesus und die Seinen über den See Genezareth fuhren, erhob sich ein Sturm, durch den das Schiff zu sinken drohte. Jesus „gebot dem Wind und dem tobenden Wasser, und sie gaben Ruhe, und es ward Stille" (Lk. 8, 24). Entweder entzog Jesus dem Wind dessen Energie oder er setzte seine Energie dagegen, so dass der Sturm in sich zusammenbrach. Im Neuen Testament wird von einem weiteren Wunder Jesu berichtet, bei dem offensichtlich wiederum Energie eine Rolle gespielt zu haben scheint. Trotz des Gedränges und Geschubses um den Meister spürte dieser plötzlich bei einer Berührung, wie „eine Kraft" von ihm ausging (Mk. 5, 25 ff.), wodurch eine Frau geheilt wurde. Diese vermochte m. E. offensichtlich, auf der spirituellen Ebene Jesu Energie „anzuzapfen".

Diese Beispiele von Wundertaten, die sich beliebig fortsetzen ließen, bieten vielleicht ein Erklärungsmuster für das, was damals geschah. Sie schmälern meines Erachtens aber nicht den göttlichen Charakter Jesu, denn die beschriebenen Fähigkeiten der direkten Kontaktaufnahme zu Gott und der Verfügung über unerschöpfliche Energie kann kein menschliches Wesen besitzen. In den Evangelien lassen sich noch viele Hinweise darauf finden, dass Jesus in direkter geistiger Verbindung mit seinem Vater stand. Dadurch wird auch der verzweifelte Schrei am Kreuz verständlich, als die „Online-Verbindung" abriss: „Mein Gott, mein Gott, warum hast Du mich verlassen?" In dieser Stunde höchster Not bricht die gewohnte Geborgenheit in Gott zusammen. Vielleicht die schwerste Prüfung für Jesus. Die er aber besteht, indem er sterbend spricht: „Vater, in Deine Hände empfehle ich meinen Geist."

Im Johannes-Evangelium wird von einer Begegnung des auferstandenen Jesus mit Petrus und anderen Jüngern am Ufer des Sees Genezareth berichtet. Petrus „zog das Netz, das mit hundertdreiundfünfzig großen Fischen gefüllt war, ans Land" (Joh. 21, 11). Diese genaue Zahl 153 besitzt mit Sicherheit einen hohen Symbolgehalt, aber welchen? Ich habe Jahrzehnte lang darüber gerätselt und alle möglichen Überlegungen und Berechnungen angestellt, kam aber zu keinem befriedigenden Ergebnis. Sind, bezogen auf Petrus, vielleicht 153 große Päpste gemeint? Besteht irgendein Zusammenhang mit Jahreszahlen oder Zahlenmystik? Alle Deutungsversuche liefen ins Leere. Dann kam mir, wie so oft im Leben, ein Zufall zu Hilfe, durch den ich vielleicht den Schlüssel zur Zahl 153 gefunden habe. Oder gibt es den Zufall nicht, und eine höhere Macht veranlasste mich, unter Tausenden von Büchern in der Buchhandlung genau nach dem richtigen zu greifen?

Jedenfalls stieß ich im „Fischer Weltalmanach 2011" auf eine Tabelle der Staaten nach Einwohnerzahlen. Dort waren exakt 153 Staaten mit mehr als 1 Million Einwohner aufgelistet.[6] Mehr als 40 weitere Staaten haben weniger Einwohner, darunter Flächenstaaten wie Island oder Zypern. Hatte nicht Jesus einmal nach einem reichen Fang des Fischers zu Petrus gesagt: „Von nun an wirst du Menschenfischer sein" (Lk. 5, 10)? Wenn sich die Zahl in der Bibel auf diesen Sachverhalt bezieht, kommt ihr eine enorme eschatologische Bedeutung zu. Denn erst durch die Entkolonialisierung in den Jahrzehnten nach dem Zweiten Weltkrieg stieg die Zahl unabhängiger Staaten über 100, und allein durch den Zerfall der Sowjetunion und Jugoslawiens in den 1990er Jahren kamen neue 19 Staaten hinzu. Mit der Unabhängigkeit von Südsudan wurde schließlich die Zahl von 153 erreicht. Das im Weltalmanach mit aufgeführte Kosovo ist nur von einer Minderheit der Staaten anerkannt, vorwiegend aus der EU, und gehört nicht den Vereinten Nationen an. Es bleibt daher hier unberücksichtigt.

(In späteren Ausgaben des Weltalmanach wird die Zahl von 153 „Großen" überschritten. Dies liegt daran, dass die momentane Einwohner-

zahl erfasst wurde, nicht mehr nur die der Staatsbürger. So sind beispielsweise die Hälfte der Einwohner von Bahrein Ausländer, vorwiegend nur vorübergehend dort lebende Gastarbeiter aus Südasien. Zählt man nur die Staatsbürger, gelangt man genau zu 153 großen Staaten.)

Über ein weiteres mir interessant erscheinendes Ereignis wird in der Apostelgeschichte berichtet. Ich meine das Pfingstwunder, als in Jerusalem Juden „aus aller Herren Länder" die Apostel in ihren verschiedenen Muttersprachen reden hörten. In der Bibel heißt es: „Sind nicht alle, die da reden, Galiläer? Wie aber hören wir sie, ein jeder von uns in der eigenen Sprache, in der wir geboren sind?" (Apg. 2, 7f.). Nach meiner Interpretation konnten nicht die Apostel, alles einfache Männer, plötzlich mehrere Fremdsprachen beherrschen. Man hätte diese auch nicht alle gleichzeitig hören können, sondern immer nur eine Sprache nach der anderen. Es muss sich also etwas Anderes ereignet haben. Die Lösung sehe ich darin, dass die dort versammelten Menschen zu einer direkten geistigen Kommunikation befähigt wurden. Dies geschah laut Bibel durch die Herabkunft des Heiligen Geistes.

Im uns bekannten Normalfall läuft verbale Kommunikation zwischen Menschen so ab: Ein gedanklich gebildeter Begriff oder Sachverhalt wird von einer Person mit Worten geäußert. Eine andere Person nimmt diese Laute auf und kann sie gedanklich decodieren, wenn ihr die verwendete Sprache bekannt ist. Bei der direkten geistigen Kommunikation wird der Inhalt des Gedankens unabhängig von seiner sprachlichen Ausprägung unmittelbar in das Gehirn des Empfängers projiziert. Was die organischen Ohren hören, ist dann unerheblich. Der Rezipient versteht sofort und unabhängig von der Schallübertragung den Gehalt des in welcher Sprache auch immer gesagten Wortes. Man könnte auch sagen: Es ist die perfekte Telepathie. Um es ein wenig begreifbarer zu machen: Wenn ich bei einem Urlaub im Ausland, dessen Sprache ich nicht beherrsche, etwas eingekauft habe, schreibt mir der Verkäufer den Preis von z. B. 10 € auf einen Zettel. Ist der Verkäufer Italiener, denkt er beim Aufschreiben „dieci", ich sehe die Zahl und denke „zehn", ein Engländer würde „ten" denken, ein Grieche „deka", und so weiter. Der Gehalt der übermittelten Information ist stets der gleiche, und wird von allen auch gleich verstanden. Die sprachliche Ausformung ist dagegen verschieden. Nach dem gleichen Schema wurde damals der Sinngehalt dessen, was einer der Apostel sprach, auf der geistigen Ebene direkt von den Zuhörern empfangen und in den Worten ihrer jeweiligen Muttersprache verstanden.

Das Neue Testament schließt mit einer Geheimen Offenbarung, auch Apokalypse oder das Buch mit sieben Siegeln genannt. Ich maße mir keineswegs an, diese Geheimnisse entschlüsseln und die Siegel brechen zu können. Kein menschliches Geschöpf kann dies! Bei der Lektüre der Offenbarung bin ich jedoch auf einige Textpassagen gestoßen, die mir deutliche Parallelen zu Ereignissen unserer Zeit erscheinen lassen. Der Verfasser namens Johannes – nicht der Apostel und Evangelist gleichen Namens – sah einen großen Stern vom Himmel auf die Erde fallen, dessen Namen er mit „Wermut" bezeichnet. Der Stern machte die Wasser bitter, so dass viele Menschen starben. Nun wissen wir, dass kein Stern, der ja eine Sonne ist, auf die Erde fallen kann. Nur: Johannes kannte keine andere Erklärung, als er etwas Strahlendes auf die Erde fallen sah, was für den Menschen tödlich ist. Bemerkenswert: Wilder Wermut heißt in der ukrainischen Sprache „Tschernobyl"!

Erinnern wir uns an den März 2003, als George W. Bush mit der „Koalition der Willigen" zum Krieg gegen den Irak aufmarschierte, damit Saddam Hussein keine Gefahr mehr für die Vereinigten Staaten darstellen könne, was er in Wirklichkeit ja nie gewesen ist. (Übrigens forderte damals die CDU-Chefin Angela Merkel, dass Deutschland mitmarschieren solle.) Noch nie gab es vorher einen von den Medien weltweit so publizierten Countdown wie vor diesem Krieg. Ich erinnere mich noch genau an einen Korrespondentenbericht aus Bagdad, in dem es am Abend vor Kriegsbeginn hieß: Es sind nur noch Stunden, heute Nacht beginnt der Angriff.

In der Apokalypse habe ich gelesen, dass nach der sechsten Posaune die Anordnung erging: „Lass die vier Engel los, die gebunden sind am großen Euphratstrom! ... die bereitstanden auf Stunde und Tag und Monat und Jahr, den dritten Teil der Menschen zu töten" (Apok. 9, 14 f.). Engel bedeutet bekanntlich nichts Anderes als Boten, Abgesandte. Da sie gebunden waren und anschließend viele Menschen umbrachten, kann man sie getrost als Engel des Bösen bezeichnen. Offensichtlich hat George W. im Irak mehr als „nur" einen Krieg entfesselt! Seit dem Irakkrieg von 2003 versinkt der Vordere Orient im Chaos, herrschen Kriege, Gewalt und Unrecht. Die Überschrift zu der zitierten Textpassage in der Bibel lautet: „Dämonische Reiterscharen". Mir fällt dazu spontan der sogenannte „Islamische Staat" ein.

Die Apokalypse berichtet ferner, dass in der Endzeit „das Tier" die Welt beherrschen werde. Natürlich ist damit nicht gemeint, die Menschen unserer Zeit würden sich von einem Tier beherrschen lassen. „Das Tier" bezeichnet vielmehr eine Geisteshaltung der heutigen Menschheit, die sich im Animalischen, Irdischen, Materiellen konkretisiert. Materielle Werte wie Geld und Besitz auf der einen Seite sowie Spaß und übersteigerter Sexismus auf der anderen Seite kennzeichnen weite Teile unserer Gesellschaft. Geistige Werte und Tugenden gelten vielen nicht mehr viel. Zugegeben: Das ist jetzt viel persönliche Interpretation. Aber ich bin bei der Charakterisierung „des Tieres" in der Bibel auf eine ganz konkrete Angabe gestoßen: die Zahl des Tieres ist „sechshundertsechsundsechzig" (Apok. 13, 18). Was sich wie eine Wortspielerei anhört, entpuppt sich bei näherer Betrachtung als brisant. Um die Botschaft dieser Zahl zu verstehen, muss man wissen, dass es im Hebräischen keine Zeichen für Zahlen gibt. Vielmehr werden sie jeweils durch einen Buchstaben dargestellt. Der Buchstabe für die Zahl 6 ist „w" (Hebräisch: „waw"). Folglich bedeutet „**666**" nichts Anderes als den uns bekannten Internetcode „**www**"!

Abschließend will ich noch auf eine weitere Textstelle der Geheimen Offenbarung eingehen. Der Seher beobachtete, wie die Sterne des Himmels auf die Erde fielen und die Erde weggezogen wurde wie eine Buchrolle, die zusammengerollt wird (Apok. 6, 13 f.). Johannes schilderte es so, wie er es sah. In anderen Prophezeiungen über das Ende der Zeiten heißt es, dass die Erdachse kippen werde, was in der Erdgeschichte schon vorgekommen ist. Einem Menschen auf der Erde, der dabei zum Himmel schaut, vermittelt sich der Eindruck, als würden die Sterne herunter fallen. Übrigens verlagert sich der magnetische Nordpol in den letzten Jahrzehnten deutlich schneller als in den Jahrhunderten vorher. Wenn das Erdinnere seine Rotationsachse verlagert, kann das auf Dauer nicht ohne gravierende Folgen für die Oberfläche bleiben, auf der wir leben.

Extraterrestrische Intelligenzen

Wenn schon ein Turmbau zu Babel die Aufmerksamkeit der kosmischen Weltenbummler erregt hat, müssen die ab 1945 erfolgten Atomexplosionen auf der Erde unsere Nachbarn im Universum geradezu alarmiert haben. Denn Strahlenwaffen sind für alle Lebewesen existenzgefährdend, besonders dann, wenn sie von uns Menschen ins Weltall befördert würden.
Die Publikationen über UFO-Sichtungen und -Landungen füllen inzwischen ganze Bibliotheken. Neben Phantastereien und Täuschungen durch natürliche Phänomene gibt es jedoch auch eine Reihe von seriösen Berichten, die einer kritischen Überprüfung standhalten. Am bekanntesten dürften wohl die zahlreichen UFO-Sichtungen in den Jahren 1989 und 1990 in Belgien sein. Hier häuften sich entsprechende Meldungen an die Polizei. In vielen Fällen bestätigten Polizisten die Beobachtungen der Bürger, teilweise kam es zu Ausfällen der Fahrzeugelektronik. Die Radar-Flugüberwachung ortete die UFOs, und Abfangjäger der NATO stiegen auf, die Sichtkontakt zu den Raumschiffen hatten. Alle Versuche, sie zur Landung zu zwingen, scheiterten an den Flugbewegungen der außerirdischen Besucher. Sie schienen nicht unseren Naturgesetzen unterworfen zu sein und vermochten auf ungeahnte Geschwindigkeiten zu beschleunigen.
Betrachtet man den Ort und die Zeit dieser Beobachtungen, liegt ein Bezug zu den historischen Ereignissen nahe. Es war die Phase des Zusammenbruchs des Ostblocks, also eine sehr instabile Phase in der Geschichte der Ost-West-Konfrontation. Jahrzehnte lang standen sich zwei atomar hoch gerüstete Lager misstrauisch gegenüber, und in Belgien liegt das Hauptquartier, sozusagen der Kopf, der NATO. Befürchteten unsere kosmischen Beobachter vielleicht den Ausbruch des atomaren Infernos auf der Erde, falls es im Laufe

dieser unkalkulierbaren politischen Entwicklung absichtlich oder versehentlich zum Schlagabtausch der Streithähne kommen sollte? Bereiteten sie sich eventuell schon auf ein Eingreifen in unsere Welt vor? Sie sind mit Sicherheit in der Lage, alle noch so geheimen Funksprüche unseres Militärs abzufangen, sind also über die aktuelle Entwicklung immer bestens informiert. Ob es im Raum Moskau vergleichbare UFO-Aktivitäten gab, ist nicht bekannt.

Der Brite Timothy Good hat mit seinem lesenswerten Buch „Need to know" ein umfassendes und sauber recherchiertes Werk zu UFO-Kontakten in aller Welt vorgelegt. Aus den zahlreichen Begegnungen, von denen er berichtet, will ich nachstehend eine auswählen, die mir besonders interessant zu sein scheint: Der 45-jährige Amerikaner Sidney Padrick, Fernseh- und Radiotechniker sowie ehemaliger Luftwaffen- und jetzt Privatpilot, wurde am 30. Januar 1965 von der Besatzung eines UFOs eingeladen, an Bord zu kommen. Er überwand seine Furcht und bestieg das Raumschiff, das nach seinen Angaben ca. 25 Meter im Durchmesser und etwa 10 Meter in der Höhe maß. Zusammengefasst schildert Padrick etwa Folgendes: Ein Mann begrüßte ihn, der grundsätzlich nicht anders aussah als er, und als einziger an Bord Englisch sprach. Weitere sieben Männer waren an Bord sowie eine außergewöhnlich hübsche Frau. Sie alle drehten sich nur kurz zu dem Erdling um, wenn er ihren Raum betrat, und beobachteten dann weiter eine ganze Reihe von Instrumenten. Die Besatzung kommunizierte untereinander offensichtlich telepathisch. Nach ihrer Fluggeschwindigkeit gefragt, erhielt Padrick zur Antwort, diese werde nur von der Geschwindigkeit begrenzt, mit der sie ihre Energiequelle fortbewegen könnten. Zeit und Entfernungen würden sie in Form von Licht messen. Zu ihrer Herkunft sagten die Fremden, sie stammten von einem Planeten hinter einem Planeten, den wir sehen, doch wir würden sie nicht bemerken. Zum Zweck ihres Besuches der Erde befragt, gaben sie zur Antwort: nur Beobachtung. Der Sprecher beschrieb Padrick sodann die gesellschaftliche Situation auf seinem Heimatplaneten: Es gebe keine Krankheiten, wie wir sie kennen, keine Verbrechen und keine Polizei. Sie hätten kein Geld und lebten wie eine Familie. Zum Abschluss seines etwa zweistündigen Aufenthaltes an Bord des Raumschiffs wurde Padrick in einen „Besprechungsraum" geführt, wo er zum ersten Mal in seinem Leben „die Gegenwart des Höchsten Wesens" spürte. Die Beziehung der außerirdischen Besucher zu diesem Höchsten Wesen bedeute ihnen sehr viel mehr als ihre technologischen und wissenschaftlichen Fähigkeiten. Padrick wörtlich: „Ich würde behaupten, **ihre Religion und ihre Wissenschaft sind ein und dasselbe.**"[7)]

Gerade dieser letzte, von mir fett hervorgehobene, Satz stellt für mich ein Indiz für die Authentizität des Berichts dar. Zum einen wird sich kaum ein Techniker so etwas ausdenken, sondern eher, um glaubhaft zu erscheinen, von der Technik des Raumschiffs schwärmen. Zum anderen werte ich es als Indiz dafür, dass Glaube und Wissen in der Tat keine polaren Gegensätze darstellen. Vielmehr befähigt der Glaube als Einklang mit der universellen, letztlich von Gott gegebenen, Ordnung und Harmonie zu geistigen und technischen Leistungen, die uns Menschen fantastisch erscheinen, aber aufgrund unseres Entwicklungsgrades noch versagt sind. Bemerkenswert erscheint mir in diesem Zusammenhang auch, dass die außerirdischen Besucher bei ihrer Antwort zur Fluggeschwindigkeit nicht einen Motor oder ein Triebwerk für ihr Raumschiff erwähnten, sondern von ihrer Energiequelle sprachen. Ebenso interessant ist die Funktion des Lichts für ihre Technik. Einsteins Formel lässt grüßen!

Sidney Padrick berichtete der amerikanischen Luftwaffe über seine Erfahrungen und wurde stundenlang dazu vernommen. Man legte ihm nahe, über bestimmte Einzelheiten nicht öffentlich zu sprechen, so z. B. dass die fremden Besucher ohne Geld auskommen (!). In aller Regel wird den Beobachtern von UFO-Erscheinungen in solchen Vernehmungen wie bei einer Gehirnwäsche eingebläut, sie hätten nichts gesehen, die Begegnung habe gar nicht stattgefunden, bei Fragen nicht einmal dieses Gespräch. Wer nicht stabil genug ist und die Methoden amerikanischer Geheimdienste kennt, schweigt lieber. Padrick war jedoch der Ansicht, alles solle öffentlich gemacht werden.

Von Seiten des Militärs wird das UFO-Phänomen ernst genommen und manchmal auch öffentlich eingestanden. Vor allem dann, wenn auch zivile Radarstationen Zeuge geworden sind, wie ein Jagdflugzeug bei der (versuchten) Verfolgung eines UFOs spurlos vom Radarschirm verschwand. Nicht nur die amerikanische, sondern praktisch alle Regierungen verschweigen nach Möglichkeit die Existenz von UFOs und damit von außerirdischer Intelligenz. Man will offenbar die Bevölkerung nicht verunsichern und den Eindruck vermeiden, nicht alles im Griff zu haben. Solange die kosmischen Besucher uns nur beobachten und niemandem Schaden zufügen, ist das ja auch der bequemere Weg. Mit diesem Verhalten bleiben allerdings unzählige und riesige Chancen für die Menschheit ungenutzt. Was könnten wir nicht alles von diesen spirituell wie technologisch hoch entwickelten Fremden lernen, wenn wir den Kontakt zu ihnen suchten!

Umgekehrt suchten die Außerirdischen nach der Darstellung von Timothy Good Kontakt zum Anführer der freien Welt und boten ihm Zusammenarbeit an. Angeblich kam es am 20. Februar 1954 auf dem Luftwaffenstützpunkt Edwards in Kalifornien zu einem Treffen mit US-Präsident Dwight Eisenhower.[8] Die extraterrestrischen Besucher demonstrierten dabei sogar ihre Fähigkeit, sich unsichtbar zu machen, was den Präsidenten äußerst beunruhigte. Reine Fantasie? – Unter der Überschrift „Tarnkappe funktioniert" war am 18. September 2015 der Presse zu entnehmen, dass es an der Universität von Kalifornien in Berkeley gelungen ist, mittels einer speziell entwickelten Folie kleinere Gegenstände unsichtbar werden zu lassen.[9] Bald wird das auch mit größeren Gegenständen gelingen.

Eisenhower erkannte damals jedoch nicht die Chance für die gesamte Menschheit, die sich da bot. Vielmehr meinte der General a. D. vor dem historischen weltpolitischen Hintergrund – Konfrontation mit der Sowjet-Union, Berlin-Blockade, Machtübernahme der Kommunisten in China, erst kürzlich beendeter Koreakrieg –, dass die Welt noch nicht für eine solche Enthüllung reif sei und für alle Seiten Probleme bereiten könnte. Im Amerika der 1950er Jahre hätten in der Tat viele Menschen das Ganze für einen Trick der Russen gehalten, und in Russland angesichts des gegenseitigen tiefen Misstrauens wohl umgekehrt auch.

VERSIEGELT BIS ZUR ENDZEIT

Dem alttestamentarischen Propheten Daniel wurde einst aufgetragen: „... versiegle das Buch bis zur Endzeit. Viele werden sich erkundigen, und das Wissen wird sich mehren" (Dan. 12, 4). Sind wir schon in der Endzeit angekommen? Ich denke: nein! Denn in der Bibel heißt es, wir werden Zeichen am Himmel sehen (Lk. 21, 25), an Sonne, Mond und Sternen. Und wir sollen uns nicht fürchten, wenn Kriege und Aufstände ausbrechen. Das müsse so geschehen, aber es sei noch nicht das Ende.

Jedoch nach allem, was wir wissen (können), mehren sich die Anzeichen, dass wir uns mit großen Schritten der Endzeit nähern. Denn mittels heutiger Technik sind wir möglicherweise an dem Punkt angekommen, dass wir das Siegel Daniels brechen können. Ich denke da an die beiden Bücher von Michael Drosnin: „Der Bibel Code"[10] und „Der Bibel Code II: Der Countdown"[11]. Darin wird durch Einsatz modernster Computer ein verschlüsselter Code im Originaltext des Alten Testaments aufgedeckt, der Voraussagen für unsere Zeit enthält. Bekanntestes Beispiel hierfür ist die Ermordung des israelischen Ministerpräsidenten Rabin durch einen jüdischen Fanatiker. Ich halte es ferner für möglich, dass die Textstellen im „Bibel Code II", die wegen der politischen Lage im Nahen Osten nicht überprüft werden konnten, einen Hinweis auf das Grab von Moses enthalten, welches bislang nicht gefunden wurde. Über den Bibel Code ist in der Fachwelt viel diskutiert und gestritten worden. Fazit seines Entdeckers: „Wenn der Bibel Code eines beweist, so die Tatsache, dass zumindest zur Zeit der Niederschrift der Bibel ein nichtmenschliches Wesen existierte".[12] Dass es sich dabei um ein uns gegenüber höher entwickeltes Wesen gehandelt haben muss, liegt wohl auf der Hand.

Ein anderes Buch der Bibel, nämlich Ester, weist eindeutige Bezüge zu unserer Zeit auf. Die Jüdin Ester war zur Gemahlin des Perserkönigs Achaschwerosch aufgestiegen. In dem Bibeltext ist von einem Judenfeind namens Haman die Rede, welcher einen Erlass zur Ausrottung der Juden im Perserreich herausgab, der wortgleich hätte von Adolf Hitler stammen können (Est. 3, 13). Haman hatte zehn Söhne, die die Juden verfolgten. Es gelang den Juden jedoch, ihre Feinde einschließlich der zehn Hamansöhne mit dem Schwerte zu töten (Est. 9, 5 u. 10). Aus der darauf folgenden Siegesfeier entwickelte sich das zweitägige jüdische Purimfest. Der König wollte Ester zu dem Feiertag ein Geschenk machen, und diese trug ihm die seltsame Bitte vor, man solle die Söhne Hamans an den Galgen hängen. Nun wird in der Bibel die ganze Geschichte von Haman und seinen Söhnen noch einmal erzählt, jedoch mit dem Ende, dass die zehn Feinde des Volkes Israel aufgehängt wurden (Est. 9, 14).

Die Geschichte hat sich in der Tat ein zweites Mal ereignet, nämlich 1946. Da wurden am 16. Oktober, die zehn zum Tode verurteilten Nazi-Verbrecher am Galgen hingerichtet, und Julius Streicher, der Herausgeber des Hetzblattes „Der Stürmer", rief noch in der letzten Minute seines Lebens: „Purimfest 1946". (Der Internationale Gerichtshof hatte 12 Todesurteile verhängt. Hermann Göring entzog sich durch Selbstmord der Hinrichtung, und Martin Bormann war, wie sich erst später herausstellte, schon im April 1945 in Berlin ums Leben gekommen.)

Nicht nur die Bibel enthält kryptische Informationen für die Menschheit in unserer Zeit. Auch wer alle Prophezeiungen von den verschiedensten Quellen für Humbug und Scharlatanerie hält, kommt an einer Jahrtausende alten verschlüsselten, aber unübersehbaren Botschaft an die Menschheit nicht vorbei: den ägyptischen Pyramiden und der rätselhaften Sphinx. Nach der offiziellen Ägyptologie wurden sie mit primitiven Werkzeugen von Heerscharen zur Zwangsarbeit verpflichteter Bauern über gewaltige Rampen als Grabmäler für Pharaonen gebaut. Ich bin überzeugt, dass dem nicht so gewesen sein kann. Denn weder die handwerklichen noch die logistischen Fähigkeiten, die für den

Bau von den aus Millionen schwerern Steinquadern bestehenden Pyramiden zur Verfügung standen, halten einer seriösen Überprüfung stand. Inzwischen herrscht auch Konsens darüber, dass im Sarkophag in der Cheops-Pyramide nie ein Leichnam gelegen hat. Als der griechische Historiker Herodot im Jahre 448 v. Chr. die Pyramiden besuchte, waren diese ja schon Jahrtausende alt. Die ägyptischen Priester berichteten ihm, dass der Pharao Cheops tief unter den Pyramiden auf einer Insel, umgeben von einem künstlichen See, ruhe. Nach einem Bericht des SPIEGEL aus dem Jahre 2000 – mit Photos und einer schematisierten Abbildung des Grabschachtes – wurde am Ende eines verwinkelten, 29 Meter tiefen Systems aus Gängen und Kammern, genau eine solche Anlage entdeckt.[13] Der Chef der offiziellen ägyptischen Altertumsverwaltung, Zahi Hawass, beeilte sich, die Entdeckung als „Osiris-Schacht" zu bezeichnen, und ließ später den Einstieg zuschütten – wegen Unfallgefahr!

Ein weiteres Beispiel für den Nonsens der offiziellen Ägyptologie sind die sogenannten „Lüftungsschächte" in der Großen Pyramide. Obwohl sie keinerlei Verbindung nach draußen, also zur frischen Luft, haben, wurden diese engen, aus der „Königinnenkammer" schräg nach oben verlaufenden Gänge so bezeichnet. Wiederum erst in unserer Zeit wurde es aufgrund technischen Fortschritts nach Jahrtausenden möglich, den Versuch zu starten, das Geheimnis der Schächte oder vielleicht die Geheimnisse dessen, was hinter den Schächten noch auf uns wartet, zu entschlüsseln. Der deutsche Ingenieur Rudolf Gantenbrink untersuchte 1993 mit einem von ihm konstruierten ferngesteuerten Minirobotor einen der Schächte. Die abenteuerliche Fahrt des Roboters endete vor einer Art Steintüre mit zwei kupfernen Beschlägen. Zawi Hawass ließ Jahre später den Steinblock zertrümmern und den Gang weiter erforschen. Die Erkundung endete an einer zweiten Steintüre. Ob und gegebenenfalls wie die Erforschung der „Lüftungsschächte" weiterging, ist bislang öffentlich nicht bekannt.

Welche Erklärung gibt es nun meiner Ansicht nach für diese rätselhaften Bauwerke? Nach vernünftigem menschlichem Ermessen können sie nicht von den antiken Ägyptern allein erbaut worden sein. Als geistige und materielle Helfer kommen nur höher entwickelte Wesen in Frage, also wieder die kosmischen Besucher. Allein durch ihre schiere Größe scheinen die Pyramiden für die Ewigkeit gebaut zu sein, d. h., sie sollten keinesfalls durch irgendwelche irdischen Ereignisse verschwinden können. Mit ihren zahlreichen Kammern und passgenauen Schächten schräg durch alle Steinschichten dokumentieren sie eine technische Vollkommenheit, die zu entschlüsseln erst die Menschen unserer Zeit in der Lage sind.

Die Pyramiden enthalten wohl eine wichtige Botschaft für die Zukunft der Menschheit. In ihnen sind vermutlich Geheimnisse gelagert, die für uns zur Vorbereitung auf das Ende der Zeiten bedeutsam sind. Militärs und Geheimdienste sind an Fund und Entschlüsselung dieser Informationen höchst interessiert. Von Amerika finanziert, wurde der gesamte Gizeh-Komplex mit einer Mauer umgeben; angeblich zum Schutze der Touristen. In Wahrheit wohl eher, um ungestört graben und forschen zu können. Nach Edgar Cayce (1877–1945) werden diese Geheimnisse um die Zeit der Jahrtausendwende gefunden und entschlüsselt, aber noch eine Zeit lang geheim gehalten werden. Der wichtigste Fund bestehe in der Konstruktion von Anti-Gravitations-Apparaten. Es würde mich daher nicht wundern, wenn die NASA demnächst verkündete, eine Rakete mit Antigravitations-Antrieb entwickelt zu haben. Oder ist es vorstellbar, dass die Amerikaner ihr Space-Shuttle-Programm beendet haben und sich ganz von den russischen Transport-Raketen abhängig machen, ohne bereits etwas Anderes „auf der Pfanne" zu haben? Anscheinend ist es jedoch nicht so leicht, in den Pyramiden gefundene Pläne oder Modelle in die Praxis umzusetzen. Ein Besuch auf der „Aeria 51" wäre jetzt sicherlich hoch interessant. Welche Informationen für die Menschheit sonst noch in den Pyramiden verborgen sind, weiß, zumindest offiziell, niemand.

Die Pyramiden sind wahrscheinlich wesentlich älter, als uns bisher gesagt wurde. Nach einer Theorie sollen ihre Architekten mit dem Sternbild Orion in Verbindung stehen, andere vertreten die Meinung, sie seien von Überlebenden des Untergangs von

Atlantis gebaut worden. Es gibt für keine dieser Theorien bislang einen schlüssigen Beweis, also müssen wir noch auf die endgültige Erklärung warten. Auch die Sphinx, die ursprünglich einen Löwenkopf trug, kann viel älter sein als angenommen. Forscher wollen Erosionsspuren von starken und lang andauernden Regenfällen an ihrem Körper entdeckt haben. Solche Niederschläge gab es in Ägypten aber in den letzten 5.000 Jahren nicht mehr.[14] Unter der Sphinx sowie unter ihren vorderen Tatzen, wo eine Katze gewöhnlich ihre Beute festhält, wurden bislang noch unerforschte Hohlräume entdeckt.

Inwieweit die berühmten 13 Kristallschädel noch Botschaften für die Menschheit enthalten, die ihrer Entschlüsselung harren, vermag ich nicht zu sagen. Wenn man einerseits bedenkt, wie viele Daten bereits auf einem Mikrochip gespeichert sein können, und es andererseits wahr ist, dass diese Kristallschädel randvoll mit Informationen gefüllt sind, dann müsste das in ihnen gespeicherte Wissen wirklich gigantisch sein. Geheimnisvoll und weitestgehend noch unerforscht sind ferner die 170.000 bis zu 20 Meter hohen Grabhügel auf der Insel Bahrein. Wer hat sie vor Jahrtausenden dort angelegt? Warum war gerade dieser Ort im antiken Orient als Grabstätte so begehrt, dass angeblich selbst Gilgamesch dort begraben sein wollte? Welche materiellen und auch ideellen Schätze harren dort noch der Entdeckung?

Die große Revision

„Vor dem Beginn des neuen Jahrtausends werden alle menschlichen Werte einer großen Revision unterzogen werden, und der Glaube wird eine Bereicherung erfahren durch den Beitrag der Vernunft und der Wissenschaft".[15] Mit dem neuen Jahrtausend ist hier die Zeit nach unserem jetzigen Zeitalter, d. h. nach dem „Ende der Zeiten", gemeint. Nach der Überlieferung soll dann nach 1.000 Jahren die Menschheit einer zweiten Überprüfung für den weiteren Aufstieg unterzogen werden.

Die heutige Menschheit hat zwei große gesellschaftliche Experimente hinter sich: den Faschismus und den Kommunismus. Wenngleich die einzelnen Menschen unterschiedliche Lehren daraus ziehen, spielen sie gesamtgesellschaftlich keine dominante Rolle mehr. Beiden ist zu eigen, dass sie die Menschen emotional und ideologisch herausforderten. Wer sich mit einer der beiden Ideologien identifizierte, war zu Engagement für die jeweilige Sache, Verantwortung und Opferbereitschaft für sein Sozialwesen bereit. In unserer Zeit des Materialismus herrschen dagegen Egoismus, Gleichgültigkeit und Hedonismus vor. Viele Werte, die seit Menschengedenken Gültigkeit besaßen, werden heute, oft unter Verweis auf rechtliche Regelungen, in Frage gestellt oder negiert. Vieles, worüber „man" über Generationen hinweg Konsens besaß, ist heute beliebig geworden. Insbesondere moralische Werte gelten inzwischen nicht mehr. Die sexuelle Revolution hat die westliche Gesellschaft enorm verändert, was auch Auswirkungen auf das klassische Familienmodell hat. Unverheiratete Eltern, Alleinerziehende, Patchwork-Familien – alle diese Modelle sind mittlerweile gesellschaftlich akzeptiert. Gleiches gilt für Homosexualität. Menschen, welche diese Veranlagung haben, sollen und dürfen selbstverständlich nicht kriminalisiert werden. Sie sind nicht nur rechtlich, sondern auch gesellschaftlich und zwischenmenschlich als völlig gleichwertig zu sehen. Wofür ich allerdings kein Verständnis habe, ist das provokante Verhalten jener Homosexuellen bei Demonstrationen wie dem Christopher-Street-Day, die sich schlichtweg ordinär aufführen.

Auch in vielen anderen Lebensbereichen haben sich die Wertvorstellungen geändert. In der Informationsgesellschaft sind Entscheidungsmöglichkeiten breiter und zugleich differenzierter geworden. Das Individuum hat deutlich mehr Wahlfreiheiten in seinem Verhalten, woran unsere Medienvielfalt einen bedeutenden Anteil hat. Allerdings muss der Mensch ebenso bedenken, dass er für jede freie Entscheidung auch die daraus resultierende Verantwortung zu tragen hat. Das wird leider heute nicht immer wahrgenommen. Kleines Beispiel: Im Grundgesetz für die Bundesrepublik Deutschland heißt es, dass die Erziehung der Kinder vornehmstes Recht und Pflicht der Eltern sei. Die Elternrechte werden heute ganz groß geschrieben, die Pflichten hingegen werden oft ausgeblendet und nach Möglichkeit auf die Allgemeinheit abgeladen. Seitens der Politik wird diese Einstellung noch mit vielen Geldzuwendungen gefördert.

Da wir gerade beim Thema Erziehung sind: Dem griechischen Philosophen Sokrates (470–399 v. Chr.) wird folgende Äußerung zugeschrieben: „Die Jugend liebt heutzutage den Luxus. Sie hat schlechte Manieren, verachtet die Autorität, hat keinen Respekt vor älteren Leuten und schwatzt, wo sie arbeiten soll. Die jungen Leute stehen nicht mehr auf, wenn Ältere das Zimmer betreten. Sie widersprechen ihren Eltern, schwadronieren in der Gesellschaft, verschlingen bei Tisch die Süßspeisen, legen die Beine übereinander und tyrannisieren ihre Lehrer." Das kommt einem doch sehr bekannt vor. Also ist seit der Antike alles unverändert? Nein, denn etwas ganz Wesentliches hat sich verändert, nämlich die Reaktion der Erwachsenen auf dieses Verhalten.

Heute orientiert sich ein Großteil der Erwachsenen an der jungen Generation, nicht nur in der Mode. Der Jugendwahn ist gesellschaftlich akzeptiert, und der Jugend werden zunehmend mehr und mehr Rechte eingeräumt, wobei sie nicht einmal wissen kann, welche Verantwortung damit einhergeht. Früher hielten Eltern den Kindern ihren Spiegel vor mit der Aufforderung, so zu werden wie sie selbst. Zum Glück taten diese das nicht immer, sonst hätte es keine gesellschaftlichen Veränderungen gegeben. Aber den Kindern wurden Leitlinien für ihr künftiges Leben vermittelt. Heute bemühen sich viele Ältere, den Jüngeren zu gefallen, indem sie deren Normen übernehmen. Bei manchen jungen Eltern ist schon eine Erziehungsunfähigkeit zu diagnostizieren. Über den Ausgang dieses Experiments wage ich keine Prognose.

Keineswegs soll hier ein allgemeines Lamento über „die Jugend" veranstaltet werden. Sie ist weder besser noch schlechter als die der Vorgänger-Generationen, sie ist einfach anders. Die jungen Leute von heute sind eben so konsumorientiert und hedonistisch in ihrem Verhalten, weil sie nichts Anderes kennen, weil sie so erzogen wurden. Und für diese Erziehung waren in erster Linie ihre Eltern verantwortlich. Wenn unsere jungen Menschen einen Sinn darin erkennen können, sind sie auch bereit sich zu engagieren. Beispielsweise im Sommer 2013, als in Deutschland die Donau und die Elbe extremes Hochwasser führten. Damals sind die Jungen freiwillig und in Scharen, nur mit Schlafsack und Rucksack „bewaffnet", losgezogen um zu helfen. Und sie haben mit angepackt! Mir sind noch heute die Worte einer Frau aus Passau im Ohr, die im Fernsehen sagte: „Nie mehr werde ich ein negatives Wort über unsere Studenten sagen. Ohne deren engagierte Hilfe wäre ich mit den Folgen der Flut nicht zurecht gekommen." Möglicherweise hatten die Studenten dabei Jeans an, die sie für zehn Euro kaufen konnten, weil in Bangladesch Frauen dafür unter erbärmlichen Bedingungen ausgebeutet werden. Auch darüber müssen wir alle mal nachdenken und uns für Verbesserungen engagieren. Nicht umsonst habe ich dieser Schrift den Titel gegeben: Metanoeite – denket um!

Wie sehen andere gesellschaftliche Entwicklungen aus, etwa religiöse? Hier scheint sich zunehmend die Spreu vom Weizen zu trennen. Während sich auf der einen Seite viele Zeitgenossen von den großen christlichen Kirchen lossagen und jede religiöse

Bindung als vermeintliche Bevormundung ablehnen, wächst gleichzeitig eine Bewegung der „Kirche von unten", die religiöse Werte wiederbeleben möchte. Eine Herausforderung für beide Gruppen wird der wachsende Einfluss von radikalen Islamisten auf unsere abendländische Kultur darstellen. Mit der ungeheuren und teilweise ungesteuerten Welle von Migranten nach Deutschland, wie wir sie besonders im Jahre 2015 erlebt haben, sind zweifellos nicht nur viele Muslime, sondern auch einige gewaltbereite Islamisten in unsere Gesellschaft eingewandert. Die verantwortlichen Politiker und Politikerinnen haben zunächst das Problem ignoriert, dann verharmlost und sind schließlich von den Ereignissen ebenso überfordert wie überrollt worden.

Als ich im Jahre 1975 hierzu die Interpretation einer Prophezeiung von Nostradamus las, konnte ich mir nicht vorstellen, dass sich diese zu meinen Lebzeiten erfüllen sollte: Erwähnt werden „islamische Einfälle in Südeuropa und im adriatischen Raum. Während der Westen uneins ist …, erhebt der Islam seinen Kopf immer mehr." … Die Muslime werden „nicht an einer einzigen Stelle landen, sondern zugleich an verschiedenen Punkten der Küste. Wo sich leicht landen lässt, werden sie sogar auch mit Fischerbooten und Schaluppen ankommen …"[16] Den daraus resultierenden gesellschaftlichen und kulturellen Herausforderungen müssen wir uns jetzt stellen. Wir können sie aber nur bestehen, wenn wir eine feste eigene Position innehaben. Um diese erlangen bzw. festigen zu können, sollten wir einmal schauen, was zwei weltweit akzeptierte Autoritäten uns dazu zu sagen haben: der Dalai Lama und Papst Franziskus.

Im „Appell des Dalai Lama an die Welt" stellt er gleich zu Beginn die Forderung auf, „dass wir im 21. Jahrhundert eine neue Ethik jenseits aller Religionen brauchen".[17] Ferner sagt er: „Den materiellen Werten wird heute zu viel Bedeutung beigemessen."[18] Weitere Kernaussagen des Dalai Lama sind: Wir brauchen „mehr Achtsamkeit gegenüber allem Leben, auch gegenüber Tieren und Pflanzen".[19] Wenn es ums Überleben unserer Spezies geht, ist ein „Prinzip globaler Verantwortung"[20] nötig. Zur Beendigung der aktuellen kriegerischen Konflikte fordert er: „Vor der ‚äußeren

Abrüstung' muss die ‚innere Abrüstung' kommen."[21] Und „wir müssen unsere Selbstbeschränkung überwinden und den Standpunkt des anderen verstehen".[22] Auch zum Verhältnis von Wissenschaft und Religion äußert sich der Dalai Lama: Die Wissenschaft „öffnet sich immer mehr hin zur Religion, aber auch Religionen hin zur Wissenschaft. Das hat auch Papst Benedikt XVI. so gesehen, wenn er die Kommunikation zwischen Glaube und Vernunft gefordert und gefördert hat".[23] (Erinnern wir uns noch, dass der Besucher des Raumschiffs über die Außerirdischen berichtete, ihre Wissenschaft und Religion seien für sie ein und dasselbe?) Abschließend möchte ich noch einen Aspekt mit einbeziehen, nämlich: Kann uns der Dalai Lama etwas zum eventuellen Nahen des Endes der Zeiten sagen? Direkt sagt er dazu nichts. Indirekt kann man aus seiner Aussage, er wolle, dass mit ihm die Institution des Dalai Lama enden sollte[24], durchaus Schlüsse ziehen. Denn der heutige Dalai Lama ist jedenfalls nach buddhistischer Lehre, aber auch nach meiner persönlichen Überzeugung, die 14. Inkarnation einer spirituell höher entwickelten Wesenheit. Wenn diese nun nach ihrer, seit Jahrhunderten währenden, freiwilligen Wiederkehr auf die Erde sagt, jetzt sollte Schluss damit sein, sagt dies auch etwas aus über ihre Ansicht zur Zukunft der Menschheit. Der heute über achtzigjährige Dalai Lama rechnet offenbar nicht damit, dass seine Wiedergeburt noch einmal erforderlich sein wird.

Nach Voldben hat Nostradamus mit Blick auf die Endzeit angekündigt, dass „ein Franziskanerpapst Maßnahmen zur Erneuerung der Kirche treffen wird".[25] Nun trägt der von mir hoch geschätzte Papst Franziskus nicht nur den Namen, sondern auch die Gesinnung des Franz von Assisi. Franziskus hat schon etliche Reformen im Vatikan und in der katholischen Kirche in Gang gesetzt, und er plant weitere, vor allem in der Moraltheologie. In seiner im Jahre 2015 veröffentlichten Umwelt-Enzyklika „Laudato si'" diagnostiziert er eine „ökologische Schuld" des Nordens gegenüber dem Süden und kritisiert, dass „eine Minderheit sich für berechtigt hält, in einem Verhältnis zu konsumieren, das unmöglich verallgemeinert werden könnte, denn der Planet wäre nicht einmal imstande, die Abfälle eines solchen Konsums zu fassen".[26)] Der Papst geißelt „die Unterwerfung der Politik unter die Technologie und das Finanzwesen" und er fordert, ein anderes Rechtssystem zu schaffen, „bevor die neuen Formen der Macht ... nicht nur die Politik zerstören, sondern sogar die Freiheit und die Gerechtigkeit".[27)] Franziskus sieht sogar die Gefahr neuer Kriege um Rohstoffe, worauf ich später noch eingehen werde. Das sind Worte des Papstes, die an Deutlichkeit nicht zu übertreffen sind und die man so von einem Papst nicht zu hören gewohnt war. Er stellt ganz klar den Zusammenhang zwischen unserer profitorientierten Marktwirtschaft und der Armut vor allem im Süden unserer Welt heraus. Die Eindringlichkeit seiner Worte interpretiere ich als Franziskus' Erkenntnis, dass nicht mehr viel Zeit bleibt, das Ruder noch herum zu reißen.

Die Maßstäbe in der kapitalistischen Wirtschaft sind aus dem Lot geraten, wenn der Chef einer großen deutschen Bank in einem Atemzug einen Milliardengewinn seines Institutes und gleichzeitig den „Abbau" von 3.000 Mitarbeiterstellen verkündet, um den Profit zu maximieren. Öffentlicher Protest gegen eine solche antisoziale Einstellung? – Fehlanzeige! Auch wenn die beschönigend als „Boni" bezeichneten Gehaltszuschläge der Konzernvorstände an die Entwicklung des Aktienkurses gekoppelt sind, wird nur der kurzfristige Gewinn angestrebt zu Lasten nachhaltiger Investitionen. Wenn der Betrieb dann „vor die Wand gefahren" ist, wird der Vorstand entlassen, natürlich mit einer Abfindung versehen, die ihm vertraglich ja zusteht. Die Belegschaft dagegen wird ganz oder teilweise in die Arbeitslosigkeit entlassen. Glücklicherweise gibt es auch noch verantwortungsbewusste Unternehmer, meist persönlich geführte klein- und mittelständische Betriebe. Und erfreulicherweise gibt es auch den einen oder anderen Unternehmer, der sich selbst als Milliardär gegenüber seinen Angestellten sozial verhält. Es kommt also immer darauf an, wie der einzelne Mensch auf die Herausforderungen reagiert, d. h., welche Entscheidung er bei der Werte-Revision trifft.

Der Öffentlichkeit wird von Politik und Konzernen immer wieder Sand in die Augen gestreut, man habe alle Herausforderungen im Griff, alles geschehe nur zum Wohle des Volkes, und vor allem: alles sei unbedenklich. Wie sagte der Soziologe Ulrich Beck schon in den 1980er Jahren: Die Unbedenklichkeiten summieren sich bedenklich. Ich fürchte, dass wir eines Tages erkennen müssen, dass wir nicht fortgeschritten, sondern weggetreten sind.

Über das Leiden auf Erden

Bei Gedanken über Gott und die Welt kommt man an einer Frage, die man immer wieder hört, wenn Menschen ein Leid ertragen müssen, nicht vorbei: „Wie kann Gott das zulassen?" Er, der Barmherzige, der Gütige, der Liebende? Die Antwort lässt sich nicht in einen Satz fassen. Sie ergibt sich aber m. E. aus allem, was ich hier bisher geschrieben habe.

Das Leiden von Menschen kann verschiedene Ursachen haben: Gewalt, Krankheiten oder Naturkatastrophen. Wir neigen allzu leicht dazu, für jedes Leid Gott verantwortlich zu machen: Wenn er allmächtig ist, könnte er das doch verhindern! Würde sich deswegen aber etwas verbessern auf der Welt?

Gewaltanwendung geht in der Regel von Menschen aus. Der Mensch hat den freien Willen, sich für das Gute oder das Böse zu entscheiden. Ohne diese Freiheit gäbe es auch keine guten Taten, die der Mensch ja auch nicht Gott „in die Schuhe schiebt". Der Mensch ist für das, was er tut oder einem anderen antut, selbst verantwortlich. Er wäre davon entbunden, wenn er sozusagen zwangsweise von der bösen Tat abgehalten würde. Er würde dadurch sogar von einer positiven Weiterentwicklung abgehalten, denn „jeder wirkliche Fortschritt basiert auf Freiwilligkeit und Freiheit"[28], lehrt uns der Dalai Lama. Die Menschheit hat es selbst in der Hand, sich von jeder Form von Gewaltanwendung zu distanzieren und damit einen Schritt auf das Gebot der Nächstenliebe zuzugehen. In allen Weltreligionen spiegelt sich dieser Appell wider. Erst wenn wir selbst zur Einsicht gelangen, dass wir uns freiwillig in die universelle Ordnung des Friedens und der Harmonie zwischen allen Geschöpfen einordnen müssen, können wir auch die anderen Leidensformen überwinden.

Wie ich weiter oben dargelegt habe, sind wir wegen unseres Aufbegehrens gegen diese Ordnung für die Dauer unserer derzeitigen Entwicklungsphase an einen tierähnlichen physischen Leib gebunden. Dieser ist anfällig für Krankheiten und Behinderungen. Das müssen wir Menschen in Demut annehmen. Damit müssen wir leben, bis wir die nächst höhere Entwicklungsstufe erreicht haben, auf der unser Körper dagegen geschützt sein wird. Um mal einen bildhaften Vergleich zu bringen: Unser jetziger Körper ist wie mit einem Karnickeldraht geschützt, der größere Tiere fernhalten kann, der aber beispielsweise für alle Art von Insekten und Käfern kein Hindernis darstellt. Unser künftiger Körper wird dagegen wie mit einem Fliegengitter geschützt sein.

Andererseits kann körperliches Leiden auch eine wichtige, vielleicht sogar notwendige, Erfahrung des Individuums sein, um sich spirituell weiter entwickeln zu können. Ich zitiere hier noch einmal den Dalai Lama: „Leiden kann eine wichtige Lebensschule sein."[29] Hinter manchem scheinbar Sinnlosen steckt mitunter ein tieferer Sinn.

Alles Leben auf Erden ist Naturkatastrophen ausgeliefert, seien es Erdbeben, Überschwemmungen, tropische Wirbelstürme, Schneestürme, Lawinenabgänge oder sonstige Naturgewalten. Nach allem, was ich weiß, wird auch hier die Menschheit auf der höheren Entwicklungsstufe in der Lage sein, Schäden und damit Leiden zu vermeiden. Der Schlüssel dazu liegt im Zugang zur kosmischen Energie, die im gesamten Universum vorhanden ist. Unser Körper wird dann über ein weiteres Chakra, ein achtes Energiezentrum verfügen, das uns den Empfang dieser allumfassenden kosmischen Energie ermöglicht. So wie wir jetzt überall von unzähligen Radiowellen und Funksignalen umgeben sind, können wir diese von Natur aus nicht wahrnehmen, sondern nur mit einer entsprechenden Empfangsvorrichtung nutzen, z. B. für Rundfunk, Fernsehen oder Mobiltelefon. Da wir derzeit die universelle Energie noch missbrauchen würden, bleibt sie uns vorenthalten. Wenn wir verantwortungsvoll damit umgehen können und wollen, werden wir sie auch empfangen und nutzen können. Dann wird es der Menschheit möglich sein, ähnlich wie Jesus den Sturm auf dem See neutralisierte, den Naturgewalten ihre Energie zu entziehen bzw. sie in ungefährliche Bahnen zu lenken. Ebenso können die Spannungen, welche Erdbeben vorausgehen, frühzeitig erkannt und Schutzmaßnahmen getroffen werden. Alle unsere Leiden sind folglich durch unsere derzeitige fleischliche Existenz bedingt. Die Schuld daran haben wir uns bekanntlich selbst zuzuschreiben. Wie wir aus diesem Schlamassel herauskommen können, sagen uns die Weltreligionen. Wann das sein wird, liegt ebenso an uns. Wenn wir reif dafür sind, wird es geschehen – vorher nicht!

FINALE FURIOSO

In der Bibel lesen wir: „Eine größere Bedrängnis war noch niemals seit Anbeginn der Welt" (Mk. 13, 19 und Mt. 24, 21). Nach allem, was ich diesbezüglich aus den verschiedensten Quellen in Erfahrung gebracht habe, wird diese Zeit mit menschengemachten Katastrophen beginnen, sodann durch irdische Katastrophen gesteigert werden und schließlich mit einer ungeheuren kosmischen Katastrophe enden: „Die Kräfte des Himmels werden erschüttert werden" (Mk. 13, 24 und Mt. 24, 29), während die Menschheit die Folgen der vorangegangenen schrecklichen Ereignisse noch nicht überwinden konnte.

Die Menschheit ist in ihrer unersättlichen Gier nach materiellen Gütern dabei, ihre eigene Existenzgrundlage zu gefährden. Einerseits nimmt der Verlust an Ackerboden durch Urbanisierung und Straßenbau sowie durch Erosionen ständig zu, andererseits werden die Weltmeere leergefischt und riesige Waldflächen gerodet. Die Luftverschmutzung wächst vielerorts zu einem Problem heran, während gleichzeitig in manchen Regionen kein sauberes Wasser mehr verfügbar ist. Unter den Folgen all dieser Belastungen leiden vor allem die Menschen in den ärmeren Regionen der Welt. Ein Beispiel für diese Schieflage: Die Fangflotten der EU fischen im großen Stil die Gewässer vor der westafrikanischen Küste leer. Zwar hat die EU dafür mit den Regierungen der Anrainerstaaten Verträge abgeschlossen und Geld bezahlt. Davon kommt jedoch aufgrund weit verbreiteter Korruption bei den Fischern vor Ort nichts an, denen ihre Existenzgrundlage entzogen wurde. Als Folge solcher Politik streben immer mehr Afrikaner ins vermeintliche Paradies Europa.

Sowohl der Kampf um Nahrungsmittel als auch um Wasser birgt die Gefahr kriegerischer Auseinandersetzungen in sich. Ebenso der

Hunger nach Rohstoffen, die zum Teil endlich sind oder bereits heute nur begrenzt zur Verfügung stehen. In diesem Sinne äußert sich auch Papst Franziskus in seiner Umwelt-Enzyklika: „Es ist vorhersehbar, dass angesichts der Erschöpfung einiger Ressourcen eine Situation entsteht, die neue Kriege begünstigt, die als eine Geltendmachung edler Ansprüche getarnt werden."[30]

Zum Ende der Zeiten habe ich die Vorhersage gelesen: „Alles wird mit einem Krieg im Fernen Osten beginnen, der rasch in einen Atomkrieg ausarten wird."[31] Betrachtet man diese Weltregion unter dem Aspekt von Ressourcen, so kommt einem die Auseinandersetzung um die Spratly-Inseln, eine Gruppe kleiner Felseninseln im chinesischen Meer, ins Gedächtnis. Diese werden von mehreren benachbarten Staaten, darunter auch China, beansprucht. Die Felsen wurden teilweise von China zu Inseln aufgeschüttet und zu seinem Hoheitsgebiet erklärt. Die USA betrachten dagegen dieses Seegebiet als internationales Gewässer und ignorieren den territorialen Anspruch Chinas. Unter dem Sockel der Inseln werden wertvolle Rohstoffe vermutet. Dort hat sich in der Tat eine Gemengelage zusammengebraut, die das Potenzial zu einem großen Krieg hätte. Amerika reagiert stets empfindlich, wenn ihm eine andere Macht seinen Status streitig machen möchte. Japan hat 2015 seine Militärdoktrin in Richtung Auslandseinsätze geändert und betrachtet China traditionell als Rivalen. Dieses ist außenpolitisch grundsätzlich bemüht, nicht „das Gesicht zu verlieren", während im Innern durch wirtschaftliche Stagnation und Bestrebungen nach Meinungsfreiheit Druck aufgebaut werden könnte. Zur Bekämpfung von Druck im Innern kommt erfahrungsgemäß ein Feind von außen gerade recht.

Sollte die zitierte Vorhersage stimmen, könnte hier das Pulverfass explodieren. Die Folgen eines atomaren Schlagabtausches zwischen China und Amerika hätten rund um den Globus katastrophale Auswirkungen und würden alle bisherigen kriegerischen Konsequenzen in den Schatten stellen. Sie wären wahrlich apokalyptisch. Außer China gibt es in Fernost noch die Atommacht Nordkorea. Angesichts der permanenten Spannungen auf der koreanischen Halbinsel ist auch hier nicht auszuschließen, dass einer irrtümlich oder absichtlich meint, „auf den Knopf drücken" zu müssen. Und nicht zu vergessen ist, dass es auch im Nahen Osten eher zum Krieg als zum Frieden kommen kann.

Nicht genug damit: Die Endzeitszenarien prophezeien uns noch weiteres Unglück. „Die Erde wird sich im Westen Amerikas auftun."[32] Ganze Landstriche werden im Meer versinken. Der „Big Bang", das große Beben entlang der St. Andreas-Spalte in Kalifornien, tritt statistisch etwa alle 70 Jahre auf. Das letzte Beben ereignete sich 1906 und zerstörte große Teile von San Franzcisco, das nächste ist also überfällig. Darüber hinaus lagert unter dem Yellow-Stone-Nationalpark ein riesiger Hot Spot – keine guten Aussichten für den Westen der USA. Nach Edgar Cayce soll es auch weltumfassende Erschütterungen geben, die durch eine Verlagerung der Erdachse ausgelöst werden.[33] Was wiederum zu gigantischen Klimaveränderungen mit all ihren negativen Konsequenzen bis hin zu veränderten Jahreszeiten führen würde. Die unmittelbaren Folgen dessen für die Landwirtschaft, d. h., für die Ernährung der Menschheit, kann man sich kaum ausdenken. Hungerkatastrophen würden weite Teile der Erde heimsuchen. Um des nackten Überlebens willen würden die Armen gegen die Wohlhabenden Kriege führen – Waffen gibt es ja mehr als genug auf der Welt.

Als wäre das alles nicht genug des Leides, sagen sämtliche Prophezeiungen über das Ende der Zeiten eine kosmische Katastrophe voraus, die das Leben auf der Erde auslöschen kann. „Die Kräfte des Himmels werden erschüttert werden" heißt es in der Bibel, was nichts Anderes bedeutet, als dass die gesamte Himmelsmechanik in unserem Sonnensystem durcheinander gerät. Die Sonne werde sich verfinstern wie ein härener Sack, wodurch natürlich auch der Mond seinen Schein nicht mehr geben wird. Die Sterne würden – scheinbar – vom Himmel fallen, wenn die Erdachse kippt. Kaum eine Vorhersage, die nicht von einer drei Tage andauernden Finsternis, gewaltigen Erderschütterungen und von feurigem Regen spricht. Jesus sagt: „Wenn jene Tage nicht abgekürzt würden, könnte kein Fleisch überleben" (Mt. 24, 22). Nur eine überirdische Macht wird jene Tage abkürzen können!

Kann sich ein solches Szenario wirklich ereignen? Nun, wer Immanuel Velikovskys Sachbuch „Welten im Zusammenstoß" gelesen hat, kann sich vorstellen, was hier gemeint ist. Unsere modernen Weltraumteleskope spüren nicht nur bewohnbare Planeten in anderen Galaxien auf, sondern auch Himmelskörper, die in unser Sonnensystem eindringen. Das Teleskop auf dem Mount Palomar in Kalifornien entdeckte am 5. Januar 2005, „dass ein bisher unbekannter Himmelskörper in unserem Sonnensystem kreiste".[35] Er ist knapp ein Viertel so groß wie die Erde und erhielt den Namen „Xena". Dieser Planet „aus Fels und Eis ist von gefrorenem Methan überzogen. Und ... ein Mond begleitet ihn".[36] Zwei Dinge sind hier interessant: Von einem Tag auf den anderen kann ein relativ großer, bisher unbemerkter, Himmelskörper aus den Tiefen des Weltalls sozusagen vor unserer Haustür auftauchen und, je nach Flugbahn, mit seiner Schwerkraft auf die anderen Planeten einwirken. Zweitens ist die „Atmosphäre" Xenas interessant. Wenn das gefrorene Methangas durch Sonneneinwirkung oder Reibung auftaut, kann der erstbeste Blitz einen Feuerregen auslösen, der sich im Vorbeiflug über die ganze Erde ausbreiten könnte. (Methan-Eis schmilzt schon bei −182,6 °C und wird bereits bei −161,7 °C gasförmig.) Oder kann vielleicht ein anderer Planet die für uns maßgeblichen Kräfte des Himmels erschüttern, wie beispielsweise der im Januar 2016 nachgewiesene, aber noch nicht beobachtete, „Planet Neun" mit seinem zehnfachen Gewicht der Erde und einer elliptischen Umlaufzeit um unsere Sonne von ca. 15.000 Jahren – oder etwa ‚„Nemesis', ein ausgebrannter Zwilling unseres Zentralgestirns, der nach Ansicht einiger Astronomen alle 26 Millionen Jahre ... auftaucht und einen Kometenhagel auslöst"?[37]

Nach allem, was wir heute wissen, sind wir keineswegs vor katastrophalen Überraschungen aus dem Weltall sicher. Wir werden die Gefahr frühzeitig erkennen, aber nicht verhindern können. Genau aus dieser Konstellation heraus erwächst die ultimative Prüfung der Menschheit. Wenn eines Tages die Gefahr aus dem Weltraum entdeckt werden wird, wird man zunächst in Fachkreisen darüber diskutieren. Sind sich die Gelehrten dann (zumindest überwiegend) einig, dass die Gefahr real ist, werden die Regierungen informiert. Die verantwortlichen Politiker werden vermutlich so reagieren, wie sie es immer bei unangenehmen Nachrichten tun: ignorieren, vertuschen, verharmlosen, in Frage stellen, eine Experten-Gruppe ins Leben rufen und sich „wichtigeren" Dingen zuwenden – wie z. B. das Gewinnen der nächsten Landtags- oder Vorwahlen. Irgendwann werden die Medien von der Angelegenheit Wind bekommen und ebenfalls wie immer reagieren. Es wird schlagartig kein anderes Thema in Presse, Funk und Fernsehen mehr geben als den bevorstehenden Weltuntergang. Irgendwann werden die Menschen das heranziehende Unheil mit bloßem Auge am Himmel beobachten können, und weltweit wird Panik ausbrechen. Viele werden aus Angst und Verzweiflung versuchen, sich das Leben zu nehmen. Zwar wird es „Experten" geben, die unverdrossen behaupten, es werde nichts Schlimmes geschehen, aber die Mehrheit der Menschen wird mit Schrecken begreifen, dass in wenigen Wochen, Tagen, Stunden nach menschlichem Ermessen alles, aber auch wirklich alles, vorbei sein wird.

Die Folgen werden fürchterlich sein: Wozu noch den Beruf ausüben, wozu noch fremdes Eigentum achten, wozu noch Menschenrechte und -leben achten, wozu sich noch um Kranke, Behinderte und Hilfsbedürftige kümmern, wozu noch für seine Tiere sorgen und beispielsweise die Kühe melken, deren Euter zu platzen drohen, wo doch in Kürze kein Fleisch mehr am Leben sein kann? Warum nicht sich nehmen, was man möchte, seien es Frauen oder begehrte Gegenstände, warum noch auf irgendetwas Rücksicht nehmen, wo alle staatlichen und gesellschaftlichen Strukturen bereits in Auflösung begriffen sind? Die Gefängnisse werden geöffnet, weil keine Wärter mehr zum Dienst erscheinen, und Schwerverbrecher werden frei umher laufen. Polizisten und Soldaten werden zu Hause bleiben und versuchen, ihre Familien notfalls mit der Waffe zu schützen. Viele Menschen werden auf eigene Faust handeln und auch die Faust einsetzen. Andere werden die verbleibende Zeit für letzte und orgiastische Lustbarkeiten nutzen. Es wird keine Verrücktheit und kein Verbrechen geben, die in dieser Zeit nicht begangen werden.

Die großen Glaubensgemeinschaften, vorweg die christlichen Kirchen, werden ihre Mitglieder zu Bittprozessionen und Bußgottesdiensten aufrufen. Sie werden die bevorstehenden Ereignisse als göttliches Strafgericht für die Sünden der Menschheit interpretieren. Was unter gewissen Aspekten zwar stimmt. Denn hätte sich die Menschheit nicht selbst durch ihre Auflehnung gegen die universelle Ordnung auf die Stufe der Tierhaftigkeit, der Entwicklung im Fleische, hinab katapultiert, wäre sie womöglich in der Lage, die Folgen dieser kosmischen Bedrohung – nicht die Bedrohung selbst! – abzuwenden.

Aber: Die Reduktion der endzeitlichen Katastrophen auf ein finales göttliches Strafgericht verstellt die Sicht auf den eigentlichen Sinn dieser Ereignisse. Es geht nämlich nicht darum, das sündige Menschengeschlecht ein für alle Mal vom Erdboden zu tilgen, sondern um **die** fundamentale ethische Herausforderung an jeden Menschen in dieser existenziellen Notlage. Hält er sich bis zuletzt an die gottgegebene Ordnung in Form der zehn Gebote und des neutestamentarischen Gebots der Nächstenliebe oder begibt er sich auf den Standpunkt, seine eigenen irdischen Interessen seien der Maßstab aller Dinge?

Nur wer standhaft und fest ist im Glauben an den einen Schöpfer-Gott, wer Verantwortung für seine Mitmenschen und Achtung vor der Schöpfung zeigt, kann diese Herausforderung bestehen. Es wird die schwerste, aber unverzichtbare Prüfung für das „Adams-Geschlecht" sein. Denn niemand kann sich ihr entziehen, sich durchmogeln oder in Ausflüchte retten. Jeder wird entweder auf der einen oder der anderen Seite stehen müssen. Es gibt keine Alternativen, sondern nur die absolute Ehrlichkeit. In allen Vorhersagen wird stets betont: Wer glaubt, kann gerettet werden. Doch wie kann diese Rettung aussehen?

In der Bibel heißt es, Gott werde zu jener Zeit seine Engel aussenden, um die Gerechten zu retten. Das Wort „Engel" bedeutet bekanntlich Bote, Abgesandter. Es werden wohl nicht Engel, wie wir sie von Bildern her kennen, flügelschlagend vom Himmel herabschweben, sondern vermutlich interplanetare Wesen, die grundsätzlich so aussehen wie du und ich, werden uns beistehen.

Sie sollen mit gigantischen Raumschiffen zur Erde kommen, um alle, die reif für den Aufstieg zur nächsthöheren Entwicklungsstufe sind, vor der Reinigung der Erde mit Feuer zu evakuieren. Wer die Existenz des einen Gottes und sich als sein Geschöpf anerkennt, egal ob Christ, Muslim, Jude oder sonst wer, wird freiwillig im Vertrauen auf Gottes Wort an Bord eines solchen Raumschiffes gehen, denn er weiß, dass die Außerirdischen als Helfer zu uns kommen werden. So wie Menschen, die bei Hochwasser auf dem Dach ihres überfluteten Hauses ausharren, an Bord eines Rettungshubschraubers steigen, der plötzlich am Horizont erschienen ist.

Gigantische Raumschiffe – ist das glaubhaft? In „Need to know" wird von einem Flug amerikanischer Armee- und Luftwaffenoffiziere nach Japan berichtet. Diese hatten in der Nacht zum 15. Februar 1965 über dem Pazifik eine Begegnung mit drei riesigen UFOs, die trotz ihrer enormen Größe mühelos alle möglichen und für uns unmöglichen Flugmanöver ausführten. Nach Angaben der Besatzung hatten diese Raumschiffe, die nach dem Radar in fünf Meilen Entfernung das Flugzeug begleiteten, eine geschätzte Größe von jeweils mindestens 2.000 Fuß, was mehr als 600 Metern entspricht.[38)] Handelte es sich hierbei um eine Demonstration vor ausgewähltem Publikum, um die Fähigkeiten der Außerirdischen zu zeigen, oder war es ein Testflug, um das Verhalten der Raumschiffe in der irdischen Atmosphäre zu erproben? Und um die Menschheit nicht in Panik zu versetzen, bewusst über dem menschenleeren Pazifik?

Die am Ende der Zeiten evakuierten Menschen, welche ja reif sind für den Aufstieg, werden nach der großen Katastrophe wieder auf die Erde zurückkehren und mit enormer Unterstützung ihrer Retter am Aufbau der neuen Menschheit mitwirken. Diese wird für uns heute noch unvorstellbare Fortschritte auf den geistigen und allen wissenschaftlichen Gebieten erzielen, ähnlich wie es Sidney Padrick an Bord des Raumschiffes berichtet worden war.

Die Menschen, welche noch nicht reif für den Aufstieg sind, werden sterben, d. h., sie werden ihren physischen Körper auf der Erde zurücklassen. Sie werden auf einem anderen Planeten, dessen Bewohner in ihrer Entwicklung ungefähr unserer bisherigen Menschheit entsprechen, wieder einen Leib annehmen und dort leben. Da jede Erinnerung an ihre Existenz auf der Erde gelöscht sein wird – wie bei einer formatierten Festplatte –, werden sie diesen anderen Planeten als ihre Heimat betrachten und dort ihre Entwicklung fortsetzen.

Das Drehbuch für das Finale furioso ist geschrieben, die Kulissen sind gestellt, und alle Akteure scheinen auf der Bühne versammelt zu sein. Der Vorhang für den letzten Akt der Menschheitsgeschichte kann sich heben. Wir werden dann aber nicht im Zuschauerraum sitzen, sondern uns mitten auf der Bühne in den Ereignissen befinden. Wann wird es geschehen? Das weiß kein Mensch. Vielleicht schon im nächsten Jahr, vielleicht in der übernächsten Generation? Wenn die Zeit dafür reif ist, wird es geschehen. Manches, wie wir gesehen haben, spricht dafür, dass es schon bald sein kann. Zum Abschluss noch einmal ein Zitat zur Endzeit aus der Bibel: „Wenn all das geschieht, erhebet eure Augen zum Himmel, denn eure Erlösung naht" (Lk. 21, 28).

Daher möchte ich diese meine Gedanken über Gott und die Welt mit einem Zitat von Dietrich Bonhoeffer beenden:

„ERWARTEN WIR GETROST,
WAS KOMMEN MAG!"

QUELLENVERZEICHNIS

1) Zillmer, Hans-Joachim: Darwins Irrtum.
   München (Langen Müller) 8. Aufl., 2006
2) Hausdorf, Hartwig: Nicht von dieser Welt.
   München (Herbig) 3. Aufl., 2008
3) Papst Franziskus: Laudato si'.
   Stuttgart (Kath. Bibelwerk) 2015, S. 68
4) Sitchin, Zecharia: Als es auf der Erde Riesen gab...
   Rottenburg (kopp), 2010
5) Drummond, Richard Henry: Edgar Cayce:
   Das Leben von Jesus dem Christus.
   Darmstadt (Schirmer) 2006, S. 72
6) Der Fischer Weltalmanach 2011. Frankfurt 2010, S. 526 f.
7) Good, Timothy:
   Need to know. UFOs, das Militär und die Geheimdienste.
   Rottenburg (Kopp) 2. Aufl. 2009, S. 293 ff.
8) Ders.: a. a. O., S. 247 ff. **Und:**
   „Der Präsident und die erbeutete Untertasse".
   In: Berlitz/Moore: Der Roswell-Zwischenfall.
   Wien/Hamburg (Zsolnay) 12. Aufl. 1994, S. 143 ff.
9) Gießener Anzeiger vom 18. September 2015
10) Drosnin, Michael: Der Bibel Code.
    München (Heyne) 2. Aufl., 1997
11) Ders.: Der Bibel Code II: Der Countdown.
    München (Heyne-Taschenbuch) 2. Aufl., 2004
12) Ders.: zit. in: Bürgin, Luc: Geheimakte Archäologie.
    München (bettendorf) 4. Aufl. 2000, S. 228
13) DER SPIEGEL 44/2000, S. 322
14) Barlow, Graham: Das Alter der Sphinx.
    In: Mysterien unserer Welt 04/2014, S. 75 ff.

15) Voldben, A.: Die großen Weissagungen über die Zukunft der Menschheit.
    München (Langen Müller) 1975, S. 175
16) Ders.: a. a. O., S. 85
17) Der Appell des Dalai Lama an die Welt.
    Wals bei Salzburg (Benevento) 2. Aufl., 2015, S. 9
18) Ders.: a. a. O., S. 12
19) Ders.: a. a. O., S. 18
20) Ders.: a. a. O., S. 19
21) Ders.: a. a. O., S. 23
22) Ders.: a. a. O., S. 25
23) Ders.: a. a. O., S. 36
24) Ders.: a. a. O., S. 55
25) Voldben, A.: a. a. O., S. 122
26) Papst Franziskus: a. a. O., S. 55 f.
27) Ders.: a. a. O., S. 59
28) Dalai Lama: a. a. O., S. 35
29) Ders.: a. a. O., S. 30
30) Papst Franziskus: a. a.O., S. 61
31) Voldben, A.: a. a. O., S. 265
32) Edgar Cayce zit. in: Voldben, A.: a. a. O., S. 259
33) Ders.: zit.: ebda
34) Velikovsky, Immanuel: Welten im Zusammenstoß.
    Deutsche Neuausgabe, Julia White 2. Aufl., 2008
35) Goede, Wolfgang C.: Das Geheimnis der neuen Planeten.
    In: P.M. 4/2006, S. 14
36) Ders.: ebda
37) Ders.: a. a. O., S. 20
38) Good, Timothy: a. a. O., S. 299 f.

Bewerten Sie dieses Buch auf unserer Homepage!

www.novumverlag.com

Der Autor

Dr. Norbert Kirschey wurde 1941 geboren und wuchs im Westerwald auf. Er machte das Abitur in Limburg/Lahn und war zunächst als Offizier auf Zeit tätig. Anschließend erwarb er an den Universitäten Gießen und Marburg mehrere Lehrämter. Es folgten Diplom und Promotion zum Doktor der Philosophie. Er arbeitete als Lehrer, Seminar- und Ausbildungsleiter sowie als Schulamtsdirektor. Zu seinen bisherigen Veröffentlichungen gehören zahlreiche pädagogische Fachbeiträge. In seiner Freizeit widmet sich der Autor gerne dem Lesen, Reisen, Wandern und Heimwerken.

novum VERLAG FÜR NEUAUTOREN

Der Verlag

Wer aufhört besser zu werden, hat aufgehört gut zu sein!

Basierend auf diesem Motto ist es dem novum Verlag ein Anliegen neue Manuskripte aufzuspüren, zu veröffentlichen und deren Autoren langfristig zu fördern. Mittlerweile gilt der 1997 gegründete und mehrfach prämierte Verlag als Spezialist für Neuautoren in Deutschland, Österreich und der Schweiz.

Für jedes neue Manuskript wird innerhalb weniger Wochen eine kostenfreie, unverbindliche Lektorats-Prüfung erstellt.

Weitere Informationen zum Verlag und seinen Büchern finden Sie im Internet unter:

www.novumverlag.com